JN439013

바다가 주는 선물

권길자 시집

북랜드

□ 시인의 말

시인이 그대에게

먼저 문단에 데뷔한 지
무려 이십여 년 이상 지난 오늘에서야
나의 소리를 담은 이 소중한 책을 내게 됨을
감사하게 여깁니다.

더하여 아주 어린 날
어머니의 치마 끝을 잡고 거리에 나서면
온갖 모양의 다리 모양만이 바쁘게 움직이던
모습들이 생각납니다. 그때의 제 눈높이에는
그것밖에 안 보인 것이지요

그런데 우스운 이야기가 될지 모르지만
이렇게 성인이 된 지금에 와서도
나는 어쩌면 저 거대한 우주와 마주해
매일 그 속의 모든 흐름에 서보면
그때와 별반 다르지 않을지도 모릅니다

문학과 예술과 우주와 함께 생활한 지도
어언 이십여 년 이상이라면 중견 이상의
고참인데 아직도 나는 늘 하나의 옷을 걸치면서도
무언가 하나쯤 덜 걸친 것 같은 불안함이
앞서기도 합니다. 늘 무언가가 한둘 쯤을 빼먹어 부족한 것 같은,

그러나 용기를 내어
더 힘찬 걸음을 걷기로 했습니다. 내가 아닌
이 세상의 누군가에게(그대에게) 그동안
제가 아주 어린 날로부터 꾼 꿈의 실현을 위해
일생을 바친 詩가 결코 부끄럽지 않길 바래봅니다.
더하여 오래고 오랜 수만 역사와
함께해온 제 시와 함께 가고 있는 맑은 에너지와
산소의 동행도 우주 속 모든 것들의 진정한 진실을 염원하는
이 세상의 모두에게 이 세상 마지막까지 꿈과
희망을 이루어가는 모든 사람들의 참된 진실 동행의
크고 넓은 벗과 발판이 되어주길 기원해 봅니다.

차례

3 땅에서 하늘까지

4 그 섬

5 카페에서

6 세레나데

7 바다가 주는 선물

8 낙동강

아름다웠던 날들

달맞이 꽃

어떻게 나더러 잊으라는 겁니까

어쩌면 당신은
애틋한 그리움에 숨져간
어느 여인의 화신(化身)은 아닐는지

아니면
밤이면 밤마다 맺지도 못할
천상의 달빛과 남몰래 사랑해온
여염한 공주가 아니었던지?

그도 아니면
삼백예순 날을
달 뜨기만을 기다리고 기다리다

외마디 한번 지르지도 못하고
요절해버린
어느 시인의 슬픈 혼백은 아닐는지

꿈결에서 마저도 이리 잊지 못하는
이 그리움의 빛깔을
어떻게 지울 수가 있겠습니까

그대 향한 그리움의 습성은
차라리 눈물로 절반 모두
시(詩)가 되어
산이 되고 강이 되어 흐르는 것을

죽어서
아주 죽어서야 완전하는 피는 꽃

당신은
어느 아린 가슴을 도려내어
살아난 꽃이기에

저리도 먼 곳까지
그리움을 길을 트셨나요?

대체 무엇으로 심은 꽃이기에
그리도 많은 눈물
담고 오는 것인가요

대체 무엇으로 심은 꽃이기에
그리도 많은 눈물 달고 오는 것입니까

* 얼굴도 없는 온라인상으로도 무수히도 많은 팬레
터들을 만들어낸 인기 詩
죽어서 아주 죽어서야 완전하게 피는 꽃
그 달맞이꽃의 기막힌 향기를
혹 깊이 맡아보신 적이 있나요?

시인과 바다

경주시 동해읍 감포동 일 번지

그날 밤
바다는 몰래
내게로만 왔었다

죽은 파도 위에
별 하나 내려놓고
밤새 나와 별을 번갈아 안았다

섬 꼭대기에는 까맣게 잊혀져버린
기억들이 날고
달빛은 해변을 더듬어서
바다 속으로 떠났다

어둠이 걷히고
다시 동이 트기까지
바다는 한사코 누워서
보충몽(夢)만 꾸었지

그해 그 겨울
시와 사랑 '사이렌'
고독
라흐마니노프의 짧은 연주

누구의 장난이더이까
바다는 벌써 오래 전에
나를 잊는데

나는 왜 아직도 그에게서
떠나오지 못 하는가

어느 겨울날의 세레나데
누군가 〈외롭다〉고 하던 말이
떠오르는 것도 잠시

오랜 기억의 저 변두리
밤이 하얗게 지새도록
함께 있던 그 시간 내내

끝내 한마디 말도
하지 않던 그 바다와

말은 하지 않았어도
모두가 말뿐이던 그의 곁에서

종일을 바다만의 소리에만 귀 기울이던 연인.

* 사이렌(역주 : 그리스신화에 나오는 반인반조의 바다요정으로 그 아름다운 노랫소리로 뱃사람들을 유혹했다고 함.)

이렇게
누군가를
하염없이 기다리는 이유

굳이
말 하라시면

그래요
아직도 남아있는
내 안의 불씨

지울 수가 없었습니다

오래전 부서진
그 이름이지만

알 수 없어요
아직도 이렇게
기다리는 이유

Waiting

The reason
Why I have been
Waiting for someone
Ceaselessly

If asked adamantly
I have to confess that
A tiny pilot still remains
In my heart

It cannot be erased
Even the name has been broken
In my heart many years ago,

I do not understand
Why I still wait
For you.

* 이 시는 미국 의회 등록 책자와 인터넷 사이트에 예선을 통과, 본선에서 4편의 다른 시와 함께 국제 시인 타이틀을 따낸 그리움의 시, 아름다운 시의 원본임.

지난날

우리 이제 곧
지탄의 어둠 속에 깊이 빠질까

잘 가거라
짧았던 지난여름이여,

아프고 슬프게만 하던
어제의 사랑이란 모두
우리를 시험하던 神의 장난

그래.
정말 온전한 사랑이란
서로를 무너뜨리며
부서지게 하진 않아

지난날의 우린
너무 어리고 가벼웠던 게지

이제 곧
어딘가에 숨어있는
잘 익은 가을이 올거야

이제 하나 둘
별 모두 져가는 밤

아직도 다 자라보지 못한
정원의 초목들과
우리들 처마 끝에 다가서는
저 하늘과 바람과 눈물

잊혀질 거야 곧
아픈 기억이란 모두

자유 또는 민주주의

이따금 나는 생각한다

한 번쯤은 저 가시나무새처럼
자유롭게 날며 살아보는 것도
그리 나쁘진 않을 거라고

아니
이 무진장 무겁기만 했던 삶이
좀 더 가벼워질 수도 있으리라고

또 아주 멀리 날진 못해도
그 기본의 자유를
구속받지 않을 만큼은
훨훨 어디든 날 수도 있을 것이기에

혼자서, 혹은
얼마간 무리 지어 날아도 괜찮겠지

자유란
적당하게 얻어진 거짓사랑보다
더 큰 의미와 희망으로 다가오리니

서산머리 지는 해
사심 없이 바라볼 때면

하루 중
가장 순수의 시간에 접어들어

너나없이 모두
초대하지도 않은 눈물이
종종 악수를 청하기도 하지

돌아보면 인생이란
매 순간마다 에서의 모든 거짓(어둠)과
진실을 확인해 가는 시간

종일토록 아무 생각 없이
저 무지한 무명과
비, 바람만 등지고 날아도

세상사 모든 일에
너나없이 모두가 바른 주인이
된다는 사실을
왜 나는 좀 더 일찍 몰랐을까

이 우주와 대자연은
말없이 조용히 모두를 보여주며
매일 가르쳐주고 있음인지도…

먼 시간의 인생을 여행하는 동안
모든 만물을 사랑하는 법과
선(善)도 악(惡)도
모두 스승인 인간 안에서
신(神)의 정신까지를 보며

진정한 모든 관계까지를 배우라고
가르치신 오랜 시간의 아버지와 어머니

이따금 나는 또 생각한다

그리움이 다할 때까진
살진 말자고

마지막 기다림이 끝날 때까진
사랑하진 말자고.

* 이 시는 이 세상의 모든 진실과 민주주의를 위해 가시나무새가 되어 날았을 때의 입장을 넣어 적은 시로 자유와 진실을 사랑하는 이 세상의 모두에게 바칩니다.

그대 앞에서 나는

그대 앞에서 나는

아주 특별한
꽃이 되고 싶다

새벽 맑은 이슬
별빛처럼 품고

해처럼이 지켜보다

해진 후면
침묵보다 더 무거운
그대 위한 기도의
산이고만 싶다

비겨,
이 한 세상 다 가도록
당신께서 끝내 나의 사랑
다 알지 못한다 해도

그대 앞에서 나는

오직
그대 하나만을 바라보는
돌이고만 싶다

당신 거기 그 자리에 그대로 늘 있어 줄래요

저예요.

아마 당신은
저 먼 위성의 어느 별에서
나를 위해 보내진 보물일 테죠

이 나이가 되고서야
당신이 너무 소중하다는 사실을
알게 되었어요

대저
사람만 나고 드는
저 거대한 대지의 이마

이 세상 참사랑의 무게는
얼마쯤이나 될까요

어떻게
그렇게 큰 세상과 큰 사랑이 모두
그대 속에 들어가 자라왔으며
그리도 깊고 넓게 흐를 수 있었는지

어느 한때 나는
그냥 삶이란 대강대강
손에 잡히는 대로 주워 넘기며
흘려보내는 그런 것이라
생각했었죠

또 그대가
이 세상을 펄펄 날 땐
내게 있어 당신의 무게가
얼마나 되는지 또는

떨어져 있어도 먼먼 인생길을
함께 노 저어 오면서
人生이란 대체 무엇인가를
좀 더 소상히는 알지 못했죠

가도 가도 끝이 없는
수많은 흰 골목들은
돌고 돌아가는 패턴만 반복하다
영 본래로 돌아올 수조차 없는
마침표만 되고

저마다
시련이듯 안고 가는
저 모든 고통들을
어떻게 해야만 할지

그래서 사랑과 진실은
오래오래 참는 것이라 했을까요?

하지만
흔들리지 않고 피는
꽃과 나무가 어디에 있겠습니까

아름답거나 추하거나
차갑거나 뜨겁거나
최대 확장 교분의 생명장치로
결국 후줄근하게 젖어서는
달려만 가느니

이렇듯 세세생생(世世生生)
환을 지어 붙이며 가도

가슴에 뻐끔
구멍 몇 개쯤 내고서야 가는
그 사유를 너무 쉽게들
묻지는 마라고도 했을 테죠

다시 한여름의 실개천이 흐르고
거듭 흔들리면서 젖으면서
더 깊어지고 깊어지면

더 크고 깊은
진정한 사랑에 눈을 뜨면서
튼튼하게 완성되어 가는

진실에 눈을 뜬
바른 사랑과 성공의 삶이

진정으로 아름다운 이유

당신도 잘 알며
거기 그 자리에 늘 그대로 서서
나를 지켜주실 거죠?

* 이 책에 수록된 모든 의상은 기본 캐릭터에서 시작해 문양에 가기까지 모두가 우주인 증된 Solor와 LED까지의 의상임.

사람아 사람아

서로 보이지 않는 곳에 있어도
늘 함께해 있다는 것

사람아 사람아
그것이 사랑이다

먼 길을 나서며
전혀 앞이 보이지 않을 때도

별빛 하나 뜨지 않는
캄캄한 어둠 속에서도

축 처진 어깨 감싸주며
사랑으로 다가오는

사람아 사람아

그것이 바로
인생을 바르게 살아와
인정받는
진정한 행복이다.

세월을 거듭해가며
힘든 일들에 다친 삭신
작은 바늘구멍에라도
내려놓으면

어느새 누군가가
맨발로 달려 나와
그 몸으로 함께 눕는

사람아 사람아

그것이 우리 곁에
아직은 사랑이 있어
살만한 세상이며
아름다운 인생이다

그것이 우리 곁에
아직은 사람이 있어 희망인
멋진 세상이며
아름다운 인생이다

多福
壽福

사람아 사람아 2

사람아 사람아

비가 오면 젖고
바람이 불면 흔들리면서도
내내 서러운 것은

진실이 아닌 것이
어디쯤에서
멈춰야 하는지를
알기 때문이다

사람아 사람아

우리 서로 사람이어서
서러운 사람아,

억지로 젖지 않으려
낑낑(바둥바둥)
거리진 말자

진실이 떠나지 않는
나라에 가 닿으면

진실이 사라지지 않는
나라에 가 닿으면

그대도 나도
우리 모두
마침내는 자유로우리라

유정(有情)

이제서야 고백하건대
사랑하던 이여

그대 먼저 가버린 그 자리에
매일 밤 바람만 와서
자고 갑니다.

그대와 오래 함께한
장미와 재스민 꽃향기 가득하던
우리들의 정원엔 더이상
사랑은 배달되지 못한다 해도

나는 매일 밤 저 푸른 仙境(선경)
수려한 하늘과 바다 위
한가운데 우뚝 선
그대 닮은 바위 하날 껴안고
말없이 견뎌내는 이 마음

무디게 힘겹게 게워낸
그리움 조율하며

무심 無心(무심)
방문을 나서는 내일은

이대로 조금씩조금씩
그대 잊혀지려나
잊혀지려나

Tender-heartedness

Now, I confess to you, my beloved,
On the place you left away
Only the winds come to sleep
And go away

And in the garden that used to
Be filled with fragrance
Of the roses and jasmine, where we
Had got together, now, no breaths
Of love going on though

And still I enjoy watching a figure
Of a rock which resembles you
That stands on the middle point of
The sea under a beautiful skyscape
Which keeps myself available

Vada(바다)의 꽃밭

3월이다

다시 한 철
계절은 잊지 않고
꽃으로 잎으로 피어나는데

아직 한 번도
꽃 피운 적 없는
무화과나무 한 그루
문밖에 세워 놓고

그녀는 뿌연 안개로 앉아
소주를 마신다

그녀의 파아란 소주잔에는
그러나 매번 이름조차 잊힌
해가 떠오른다

한 번에 한 잔씩 한 잔씩
그 해를 삼키고 나면
이윽고 그녀 목에선
뻐꾸기 울음소리가 들린다

대체 어느 뻐꾸기가
세상천지의 모든 둥지를 두고
어찌하여 그녀의 목에만
저리 애절하게 탁란한 것일까

천수관음은 물론 그 천수관음보다
더 많은 손을 가진 태양도

황도 십이 궁 천칭자리에
수만 우주 역사를 가진
Vada(바다)의 꿈, 진실을 모두
올려놓을 수 있을까

(마르틴 하이데거의 詩論)
시인은 죽고 시가 살아야
세상도 아름답고 그만큼 진실해지며
그 시도 최고 자리에 비로소
앉는다고 했던가!

이런 바다와 하늘은 언제나
성자(聖者)의 모습이다

저 미치도록 푸르른 하늘도
눈(目)에 묻고
살결 기막히게 고운
들녘과 강물도 귓속에 넣어 닫은 채

수평에 걸려 넘어지는 수만 파도를
두 눈 안에 모두 붙들어 세워두곤
긴 시간의 토굴 속에 앉아
이 쓸쓸한 저녁의 봄날

새벽이면 늘
다시 새 길 내는 여자

그러고 보면 오랜 시간 동안
목숨 건 사랑 한 번
제대로 해 본 적 있었던가

오늘 저녁 그녀는
이곳 ○○島의 동해 일몰 꾸냥에 취해
술보다 독한 밤안개의 점령군에 쌓여

파도, 그 크고 세찬
두 손을 붙들어 세워놓곤

대신 아름다운 언어들로
여기저기 기막힌 옷을
입히는 중이다.

저 바다가 다시 모두 그녀 안으로
돌아오기까지

이방인이 된 듯한
한 시대의 이 쓸쓸한 길은
그러나 매번 누군가에 의해
이 세상이 더 좋은 쪽으로
가고 있는가를 수없이 묻곤 하지

* 바위와 시와 그림을 넣고 사진까지 넣은 Solor Cell과 LED까지의 발전사업화된 작업임.

사랑학 (學)

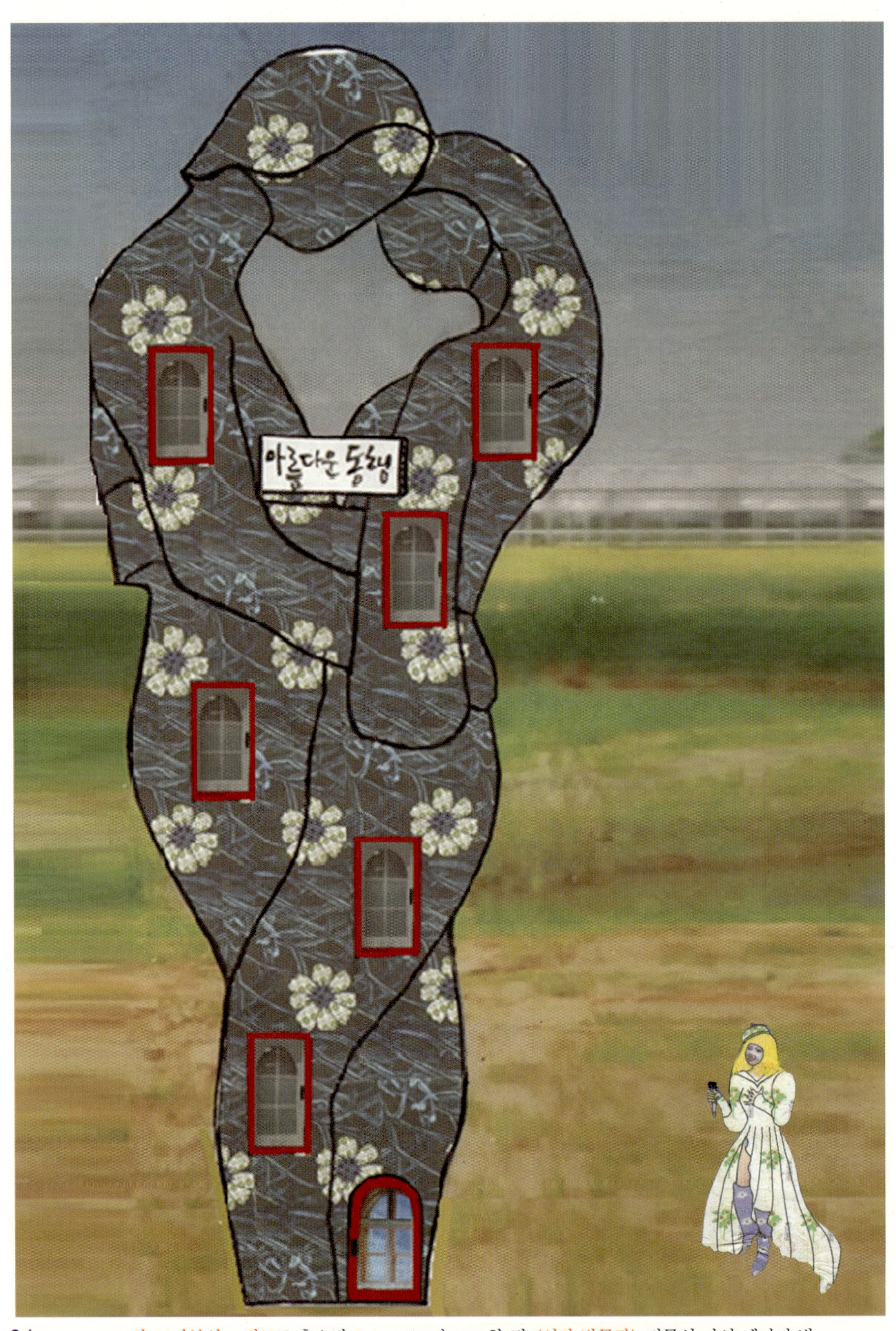

* 약 30만분의 1 정도로 축소된 Solor Cell과 LED화 된 〈인간 박물관〉 건물의 자연 에너지 발전사업 작업임. (사회자 또는 리포터도 놀라고 있습니다.)

사랑학(學) 1

누군가의 사랑으로
다시 하늘과 땅이
훤히 열리고 있다

속세가 아무리 고단해도
지심이면 열리는 성문(聖門)

틈새 사이사이마다
고개 내민 바다도 달려나와
함께 가잰다

사랑은 발이 없이도 가는
천리향입니다

귀가 없이도 듣는
만리경(經)입니다

가장 위대한 사랑은
1억 팔천만 년을
지극정성으로
공들여 닦아야
비로소 온다는 설(設)

미안하다
미안하다
미안하다

삼십 년 이상을
매일 그대 속에서 살고서도

나는 아직도
내가 바라는 만큼의
그대 사랑을 완성하지 못했다

무의식중에도
매일매일
가슴으로 외던 그 사랑은

너무 소중한 것이었기에
너무 귀한 것이었기에

그래서 더
애절한 사랑이었던 것을

어리석게도
내 아상(我想)을 버리고서야
겨우 알게 되었느니

이제부터 매일 매일을
이 사랑학(學) 강의를 들으며
시작할 것이네

이제부터 매일 매일을
사랑학(學) 강의를 먼저 들으며
시작할 것이네

사랑학(學) 2

해도 해도
넘침이 없는 것
그것이 사랑입니다

Poetry-kilja kown
Trans by-yous chool

However hard we love,
Our love is endless

* 자전거와 사람의 의상까지 모두가 Solor와 LED까지로 Set롤화 되어 있습니다.

사랑학(學) 3

매 순간 주고도
전혀 아깝지 않는

그 마음 그 자리

However hard we love,
Our love is never wasteful.

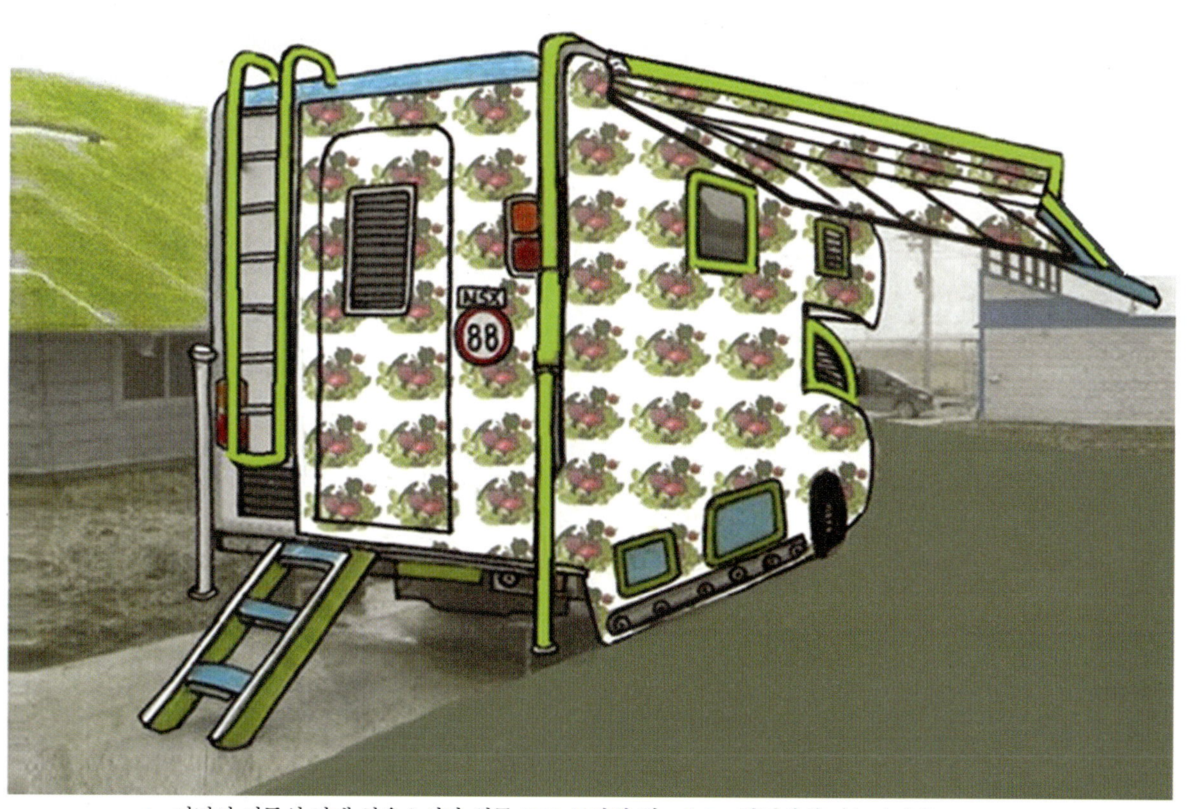

* 이것이 이동식 판매 하우스이자 식물 LED 문양화 된 Solor 발전사업 가능까지의 개발 모델 탑차입니다.

* 이책에 수록된 하우스와 발전사업, 모델 모두도 Solor와 LED까지의 맑은 자연에너지화된 것들입니다.

사랑학(學) 4

어느 순간
칼로 물을 베곤

또 이내 돌아서서
다시 그 물로서
그 칼을 쓰러뜨리는 게
사랑입니다

Though our love is cut
Just like water is cut by
a sword for a second,
Soon our love is completed.

사랑학(學) 5

어떠한 유식에도
무식에도

모두에 귀 열고
눈 뜨게 하는 이

그가 또 사랑입니다.

However ignorant we are,
However intelligent we are,
Love lets us open our eyes
And open our ears.

* Solor Cell은 사람이나 건물, 발전사업 대상들뿐 아니라 동 · 식물 모형과 하늘, 땅, 바다 어디에도 가능합니다.

사랑학(學) 6

콩으로 메주를 쓴다고 해도
아예 믿지 않던 이를
돌로서 메주를 쓴다고 해도
믿게 하는 이

Love makes those
who don't believe
That soybeans are made into
soybean paste
Believe that stone is
made into soybean paste.

사랑학(學) 72

사랑합니다.

어딘가에 숨겨져 있을
나의 당신을 위해

제 생애의 마지막까지
제가 해드릴 수 있는 말입니다

사랑
당신을 사랑한 일
그게 죄라면
그 죄를 힐책당하기보다는

가장 온전한 사랑을 위해
얼마나 더 많은 눈물을 씻어야
그 답을 찾을 수 있는지를

가르쳐 주십시오
이젠 제발.

* 여기서의 사랑의 대상자는 가장 먼저는 사랑 그 자체이며 그 이후에 남녀 또는 아름다운 관계의 모든 사람들도 함께라 할 수 있겠지요.

사랑학(學) 34

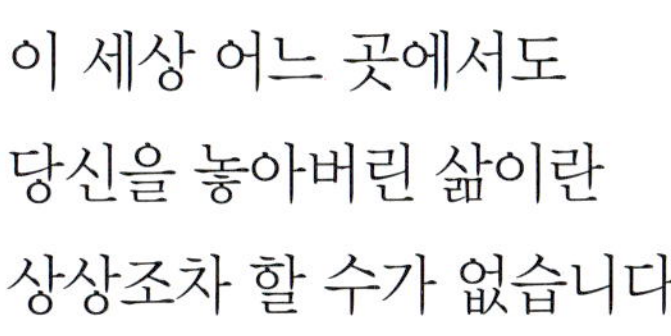

이 세상 어느 곳에서도
당신을 놓아버린 삶이란
상상조차 할 수가 없습니다

누군가 홀로
병실에서 서서히
죽어가고 있는 순간에도

낡고 낡은 오두막집
작은 골방의
가난한 부부에게도

그대가
함께해주고 있지 않다면
그들을 마지막까지
살아있게 해줄 힘은
아무 곳에도 없습니다.

사랑학(學) 65

기실 사랑은
마지막까지도 장님이며
맹추인 것

설혹 당신께서 물려준
그 속물과 달콤한 사탕이

제 안 모두를 곳곳
사해(死海)로 만들
독약이었을지라도

내 사랑의 믿음과 진실을 향한
영혼을 위해

그냥 이대로 마시며
먹겠나이다.

사랑학(學) 40

제가 처음
당신을 얕게 알며
사랑할 그땐

그저 당신을 제 인생에서
어느 한 부분일 뿐이라고만
생각했습니다

그런데 그런데
더 깊이깊이 그대 속으로
들어가면 갈수록

당신만이
당신만이
전부라는 사실을
깨달아가는 이유를

나는 당신을
이 세상의 가장 밝은 길과
가장 안전한 보호자라고
지칭합니다.

When I knew a little about you,
I thought you were a part of my life.
But, the more I know you,
the more I come to know
That only you mean everything to me.
I call you 'the brightest way' and 'the safest protector'

* 이것이 대형의 연꽃 모향이나 하우스까지라면 어떨까요?
늦은 밤하늘에서 보면 LED 네온까지로 여러분! 매우 기막힌 모습이 되지 않을까요?

사랑학(學) 36
아무리 심하게 썩고
낡은 사람도
이미 죽음 직전까지
다 간 중환자도
당신만은
당신만은 금세 알아냅니다.

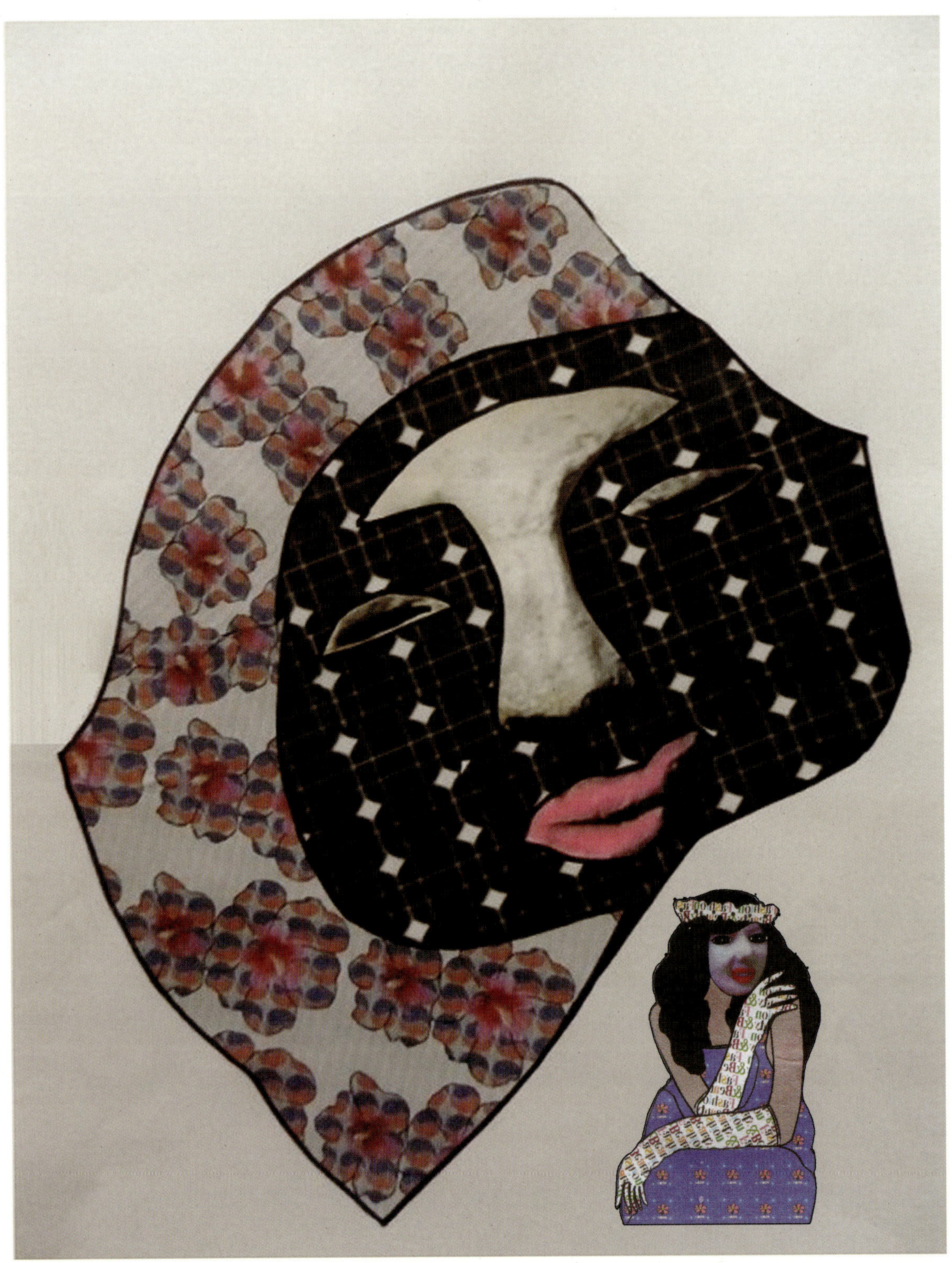

사랑학(學) 17

최근엔
내 마음의 구석구석
자꾸만 비가 내립니다.

당신께서 늘 함께 가장 가까이에
앉아 있어야 할 그 자리를 떠나
삶의 중심자리가
비어 있기 때문입니다

내가 살아온 모든 생애 동안
가장 찬란하게 빛나던
꽃이었던 당신

매회 먹구름뿐인
이 회색 도시를 걸어오며
그대도 많이 지쳐 있음일 테지요.

매일매일 한순간도 놓지 않고
써 내려가던

그 높은 학문의 길을 접어두고
어디론가로
언제 돌아올지 모를
긴 여행을 떠나버린 것 보면

사랑학(學) 39

언제부턴가
바람 부는 이 도시의 거리엔
그저 밤낮
껍데기뿐인 그대가 흐르며

차츰 처음의 그대 얼굴조차
잊어가고 있습니다

언제였는지?
사랑
당신의 손과 발이 온전했기에
따뜻했던 그 시간들을 회상하며

오늘부턴
직접 제가 적극

당신께서 편히 거주할
희고 고운
마지막 집을 짓겠습니다.

사랑학(學) 25

세상엔 당신 때문에
당신의 그 기억 때문에

죽어가는 사람도
다시 살아나는 사람도
너무 무궁무진하다는 사실을

땅에서 하늘까지

길 위의 여자

그녀는 아직 문밖에 서 있다
지느러미같이 얽혀서 가는 인생
얼마쯤이나 왔을까

돌아서 가는
시간의 비늘을 벗기며
스스로 허물고 쌓아 온
인연의 산들을 모두 불러 세운다

남루의 세월
무엇 하나 속 시원히
바로 세워 보지도 못하고

아궁이마다 지피는
삶의 불기둥 몇
그녀 안엔 아직 고스란히
그대로 있다

인생이란 백일몽(白日夢) 같은 것

가파른 山 이마에
一木처럼 솟아오른 달

걸음이 걸음보다 멀어지더니
아직도 해종일 기다리는 사람

삶에서의 완전한 승리자란
아무도 없었다

후미진 저 세상 어딘가에
구겨져 버려져 있을
우리의 사랑, 꿈, 희망과 백서
이런 모든 것들을 다시 불러
다려낼 수는 없을까

이 가을
잎새에
그 사람을 향한
그리움이 지고 있다

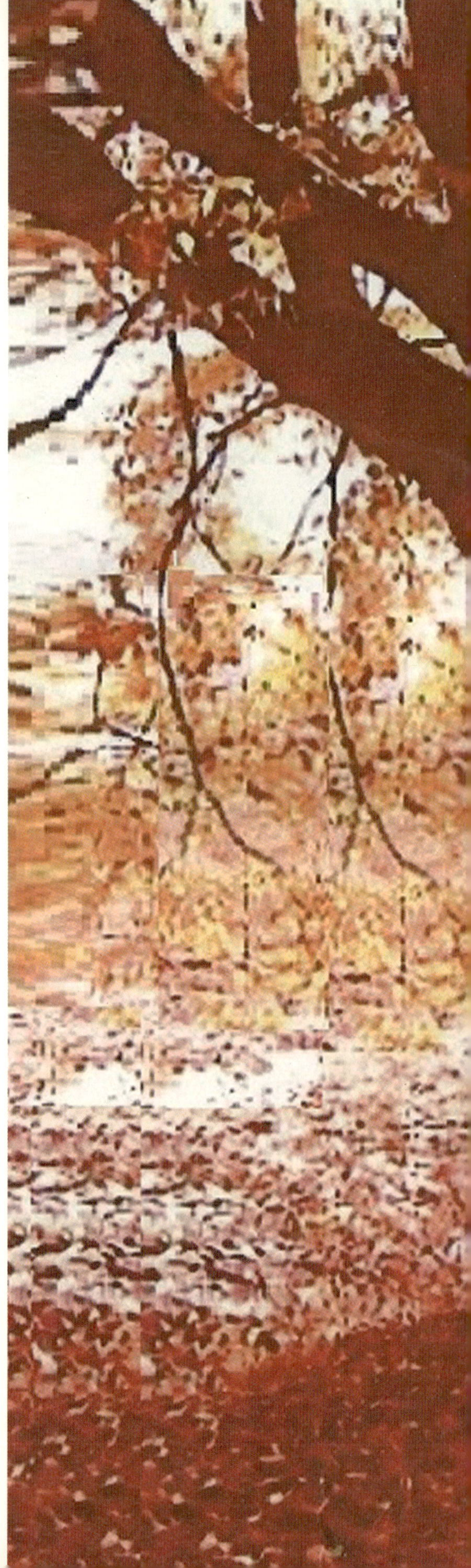

산다는 것은

산다는 것은 어찌 보면 모두 바람입니다
희망의 꿈도 시작은 먼저 바람으로부터 오고

어느 날
고통의 시작도 그 바람으로 오며
사랑이란 이름의 그 아름다운 전차 역시
이 바람으로부터 결국 타며 가게 되지요

오랫동안 나는
이 바람을 무척 사랑했습니다

사실은 바람만큼 우리를 힘들게 하고
고단하게 하는 것도 없지만

그 속에 더욱 우리를 단단하게 웃자라게 하는
모든 꿈의 오랜 숙원과
거친 단련의 시간들이 있기 때문입니다

우리가 처음 내디딘 발자국이 길이 될 때
산다는 것은 더하여
나로부터 출발하는 모든 시작일 테지요

내 영혼이 어느 산천 해맑은 물줄기의
방점이 될 수 있다면
그 맑은 물소리가 끝내 탁해지지 않는
영원의 노래로만 흐를 수 있기를

누군가의 사랑 하나로
온 세상이 따뜻하게 데워지는 진리처럼
수만의 바람이 수억의 별이 되는 그날까지
산다는 일에 그저 한 점 부끄럼이 없기를,

살며 사랑하며 우리는 매일
두근거리는 가슴으로 들
능소화 노오란 그 그리움
첩첩 길어진 목에 매달고

긴 계단으로 층층 능선 길, 열 길이듯
미로같이 꾸불꾸불한 산을 오르내리며
왔을 테지요

어느 날은
행인이 모두 하산한 산속 빈집의 적막이
굴뚝의 무심(無心) 무심 연기처럼 피어오르고
홀로 까아만 밤의 행적이 하나둘 형상의 집채 위로
또 하나의 집을 짓는 오늘

우리들 저마다의 고되고 외로운 일상이듯
간간이 열어둔 마음의 창으로 달려오는 파도소리

파도는 어느 바닷가 우체국 희망의 소식처럼
또는 音(음)으로 꿈을 이으며 익히는 현의 극단처럼
그렇게 잠시 왔다가는 다시 홀로 돌아가곤 했지요

무엇인가를 하염없이 기다리듯
삶은 늘 그렇게 막연한 기대 속에서
희고 푸른 희망의 금을 긋고는
다시 산다는 일에 거듭거듭
살아가야 하는 그 의미가 되는

무엇인가를 하염없이 기다리듯
삶은 늘 그렇게 막연한 기대 속에서
희고 푸른 희망의 금을 긋고는
다시 산다는 일에 거듭거듭
살아가야 하는 그 의미가 되는.

우포(牛浦) 늪

이른 아침
우포늪은 대뜸 말문부터 막는다

그 줄 이은 감탄사에 이어
갓 깃에 자물린 물결 속 늪

안방 문까지 열고
더 깊은 안방 문까지 열곤

몽환의 안개 속
긴 산맥들 모두 데려다

한 폭 그림으로 그려내는
기막힌 곳이여,

일억 사천만 년 전
하늘이 수문으로 내려주신
원시의 거대 소(牛) 한 마리

펑퍼짐한 소벌 우황 山으로 누워
여태 늘어지게 하품하며
기-인 시간 홀로 욕면(浴眠) 중이네

오오.
저렇듯 한량없는 평온은
대체 누가 만들며
과연 어디서 오는 것일까

시간이 저 혼자 서서 먼 곳

순백의 백로와
절묘의 보랏빛 가시연
나란히 품(品) 세워
달려오는 목포와 사지포(浦)

생각해보면
우리네 인생도
저처럼 한없이
아름다울 수 있었겠으나

어떤 죄의 과녁이
곳곳 집을 지으며

매일처럼 스스로 지어간
미혹과 어둠에 갇혀

이 한 세상
고통의 늪에서
저리 헤매고 있으리라

이 여름 우리 모두
기도할 일이
너무 많음을 안다

스스로 연꽃을 피워내는
푸른 늪이 되어 봐야만
더욱 철저히 알게 되는 일

오늘처럼 이렇게 보슬비 내리는 날
이곳에 오면

빗방울이 모두
한 마리의
기막힌 새가 되고
늪이 되어

수천 가시연꽃으로
다시 되살아나고

가을이 깊어가는 날
다시 이곳에 오면

저 꽃잎들
어느새 모두 떨어져
꽃무덤 된 늪 사이로

내 마음도 따라 묻혀
더욱 아름다우리라

내 마음도 따라 묻혀
더욱 아름다우리라

백자의 魂

어느 도예人의 길

오늘도 당신은
그 길을 끝내 가십니다 그려

다듬고, 다듬고 또 다듬어내며 닦아
하얗게 달구어 세워낸 그대의 마음
백자 혼(魂)의 그 자리

이제쯤 어느 곳 거닐고 계신지요?

한 생애(生涯) 동안
세 발 달린 돈오가
현세와 미래, 과거세를
수없이 넘나들 때마다

온갖 고뇌로 세운 허상들
수만 번은 족히 두들겨 깨고서야
비로소 그 고요의 不二門
다듬어 세워낼 수 있다 하였으니

그것은 아마
전생(前生)을 안은 어느 사내의
길고 질긴 업장 소멸을 위해

오랜 세월 준엄한 망치 끝에
또 하나의 불(火)과 불(佛)을 함께 실어

그 가마솥엔 날마다
(佛, 法, 僧) 삼존불 하나씩은
모두 함께 한 자리에 모셔두고
왔으리라

그 몸속으로 활활 타들어가는
걷잡을 수 없는 화산(火山) 하나쯤
매일매일 스스로 허물어 본 사람만이
저 단순과 고요의 심오한 경계와 깊이를
다소나마 알 수 있지 않을까?

이 혼미스러운 세상
대체 어떤 마음을 깨고
또 어떤 마음을 꽉 붙들어야

온전한 사랑과 마음의 평화를
얻어낼 수 있음인지

번뇌와 통속을 수만 번은 족히
불(火)과 불(佛)로 다가섰다 물러섰을
저, 화엄경색, 수지(萬)불경

한 도자기(仁者)가 익어
제대로 완성되기까지는
저리도 높은 불(火)경(經) 속
도(道)의 화엄 속에서

자신 안 마지막 티끌까지를
모두 태워내고서야
비로소 완성된다 하였으니

오오, 드디어 마애 삼존
희고 푸른 山으로 우뚝 선
도예인, 그 사내의
불끈 치솟은 거세의 힘

그 자리를 본다

호남기행 — 목포에서

한 번쯤
꼭 한 번쯤
가보고 싶었던 땅 목포

기어이 오늘에서야
와볼 수 있었네

부두엔
외로운 나그네
주막집 아낙의 육자배기
흥겨운 가락에 맞추어

가슴에 저마다
불 밝히는 시간이면

유달산
낮은 산허리 휘돌아 나온
주홍빛 가로등 행렬 따라
멀리 만선으로 귀항하는
바다 사나이들

카페 '헤밍웨이' 와
갈리아노 술 한 잔의 고독

영산강
너 천년의 古魂(고혼) 달래는 바다
나는 오늘 드디어 너를 본다

아흔아홉 굽이치는
서슬 푸른 기상 모두 데불고

남도의 땅 목포의 옆구리
힘껏 걷어차며 흐르는
너의 그 도도한 알몸을 본다

포구에 흩어지는 바람
露積峯(노적봉)
그 높고 깊은 함성

이곳은 한때 국토방위의 성역
무서워 차마
신성불가침이던 곳이

지금은 오가는 나그네의
작은 방이 되고
모든 시민의 편안한
안락의자 되었구나

묻노니 강물이여,
이제 옛 智人(지인)은 가고 없지만
어느 시대 어느 강산엔들
그리운 이들이 없겠는가

오래 전 천상의 여인과
어느 백제인이 함께 걸었을
저기 유달산 언덕
호젓한 소롯길

그 굽어진 길목마다
아직도 그리움은 그대로 남아

아, 돌아가는 길에
저 수려한 三鶴(삼학)의 머리 닮은
곧은 선비 魂(혼) 하나
가슴에 품고 돌아가고 싶어라

아, 돌아가는 길에
저 수려한 삼학의 머리 닮은
곧은 선비 혼 하나
가슴에 품고 돌아가고 싶어라

* 이 시는 목포대학과 중국의 엔타이 대학에서 매우 우수 시로 선정, 중국에서 번역되었으며 특등으로 중국 엔타이 대학에 보관된 시임.

* 우리가 〈시화전〉이라고 말하는 것들 또한 엄청난 너비와 분량을 담아 바위병풍처럼 현실 현장에서도 발전사업까지가 가능한 것이 Solar Cell화와 LED화 우주인증된 작업임.

바람의 전설 2

늘 안개구름 몇 바랑씩
놓아 기르는 이 땅 곳곳
저 산 너머 또 산길

시시때때로 변하는
사람의 마음을 아예 꼼짝도 못 하게
한곳에 붙들어 세우는
기막힌 힘을 가진
바람의 주소를 묻는다 그리곤

내 어느 날
그대를 쏘옥 빼닮은
천연의 완벽한 바람이고 싶다

쉬 안 되면 막무가내로
그대 가슴을 들이박고서라도
그 속에 들어가 앉은 정말
그대이고 싶다

아무것도 쥐지도
무엇하나 갖지도 않은 채로도
이 못된 세상을 송두리째 호통치는
그댈 닮고 싶은 것이다

중세의 고전처럼
아주 잔잔하고도 은은하게
불어오는 바람이 있는가 하면

그대에게선
만삭의 외로움까지 더해 입력된
노여움으로 몇 옥타브씩 강도를 높인
만가와 팝의 극치를 이르며 불어대는
거친 바람의 마성(魔性)까지를 본다

그래서 때때로 나는
간혹은 어느 곳에도 주인이라고는

하나도 아예 없도록 죄다 방목해놓고
속절없이 빈 나루터에 흘러 흘러
조용히 내려서면

눈이 시리도록 바삐 다가서는
은빛 햇살들의 공격에
나는 또 한 번 마음을 비운다

온갖 거짓과 마성들이 넘쳐난 이 시대

하지만 나는 늘
무엇이든 본래로 되돌리는 사람
사랑과 진실의 깊이로 어디든 수없이
그댈 찾아 마중 나가곤 했었지

새벽 다섯 시가 죽어 나간 후의
여섯 시 정각

바람 속에서
온갖 바람의 전설은 다시 또
어김없이 시작되고

분명 온갖 기쁨이나 슬픔들 속에도
유효기간이 있다

바람을 타고 바람을 안고
지평과 해안선 따라 한참을 걷노라면
수만 행인들 수없이 스치며
돌아간 그 자리에

온갖 음계를 두드리며 다가온
어두운 베일을 벗겨간 사자의 영혼이
스스로 늘 깨어 바라보는 이들에겐
그만이다

다 내려놓고 저 속에 '풍덩'
빠지고 싶다
그냥 풍덩 하고 말이다

위작이든 도적이든 오직
온 세상이 돈과 이름에만 셈 된 세상에서
그래도 바람의 전설은 아름답지 않은가

* 이 우주 모양의 모델이 약 10만분의 1 정도로만 축소되었다 해도 얼마나 대단할까요?

아들에게

아들아,
한 발 내려서서
네 주위를 보아라

겸허와 기쁨으로 가슴을 열면
우리 사는 이 세상도
아직은 얼마나 아름다우냐?

발아래
푸른 꿈이 보인단다.

아들아,
두 발 내려서서
네 자신을 보아라.

그러면 더러는
부족함도 있으리라
한 사람이 가진 것이란
모래알보다 적은 것이니

버리고 버리고
나를 모두 버리고 나면
비로소 다가오는 큰 사랑
잊지 말아라

아들아,
마지막으로
세 발 내려서서 하늘을 보아라

그러면
네 머리 위를 높게 날고 있는
저, 새들과 구름, 태양을 보리라

그리고 그 아래
낮게 고개 숙여 엎드린
산과 바다와 푸른 강물도 보리라

저들처럼 살아라
저들처럼.

그러면 어느 날
가난하고 외로운 한 그루의 나무에도
그 잎이 잡초처럼 무성해지리라

To Son

Son!
After one step down.
Look around you and open
Your heart with humility and joy,

The ground you live in
Is so beautiful.
you will end up tp
see the great bream

Son!
After two steps down,
Look yourself
You will see who you are
What you got is so tiny.

Smaller than a sand
Empty your heart,
Then cleanse yourself
There will be a great love follow you
Let' s not forget it

Son!
After three steps down,
Look up the sky
You will see the bird, cloud, and sun
Above your head
Then you will see mountains,
ocean and Blue river.

They are under the sky as humbly
Heads down Live like natural,
As God created
Even being poor and lonesome,

You will be prosper
As wild weeds
On the field.

* 이 시는 미국 현지의 영어 동시통역사(영어영문학 교수님)이며 한국인 목사님께서 매우 좋은 시로 헌정, 새해 아침에 자신의 아이들과 제자들에게 들려주시기 위해 직접 번역해서 보내주신 시입니다.

연꽃 이야기 2

팔월 말
청도군 화양면 유등연지

이 밤에 이제
서서히 지는 꽃이여

끝내 또
말 한마디 하지 못하고
떠나는 꽃이여

이승에 홀로 둔 님
가면서도 못 잊거니

저 기-인 모가지
절반은 모두
물속에 묻고 살았어도

수시로 흔들리는 그 마음
어쩌질 못하지

그 넓은 잎 푸른 우산으로
온몸 가리고선

여태도 우는구나
시방도 우는구나

그 넓은 잎 푸른 우산으로
온몸 가리고선

여태도 우는구나
시방도 우는구나

* 자 여러분! 아주 어두운 밤이라고 생각하시고 이 연꽃만이 낮에 발전시켜 〈대 · 소 · 중〉 해서 LED까지로 사계절 피어 있다면?

연꽃 이야기 5

다시
낮고 낮은 곳으로부터
오시는 당신

무념(無念)의 수면으로
피어오르는 그 해맑은 미소

나는 오늘도
당신의 그 흰 모퉁이
크고 둥근 이마의
끝 표정 하나도
담아내지 못했습니다

희고 파랗게 다가오는
맑은 향기 한 조각조차
쉬 품어내지 못했습니다

어떻게
이 작고 옹졸한 가슴에
그 크고도 깊은 세상을
담아내겠습니까.

국어(國語)

이것은
간신히 모음만 체득한
감성의 성(城)이다

아직은 전혀
거역할 줄 모르는 순종의 바다

아무리 속아내며
속이고 속여도 전혀
속는 줄조차 모르는

절대의
그대와 나 우리의 말(言)

짓밟고 내던지며
부수고 깨도

항용
이방인을 전혀 달지 않은 채
그 자리를 지키는

고결하고도 서릿발 같은
너와 나 본국(本國)의
순수 모국어

낙동강 천삼백 리

태백에서 제주
최남단까지……

멀고도 험한 길
너는 아직도 그 길을 간다

살아서 무수한 목숨
가는 곳마다 버려두고

다시는 돌아오지 못할 길
떠나는 마당에야

죽고 사는 일인들
누구에게 더 길을 물어서 갈까

굽은 산기슭을 따라
기약도 없이 흘러가는 너는

여태 다리 한 번 편히
펴 보지도 못했구나

돌아보면
끝도 없이 아득한 길

강아, 너는 그 길을
기어코 가야만 하느냐

기어이 그렇게 가야만 한다면
가다가라도 이젠 제발 돌아오라고

휘어진 다리 붙들고
애원도 해보지만

떠나면 다시는 돌아오지 못할
저 무심한 길을

너는 돌아보지도 않고
그냥 간다

낡은 짚신 한 짝
부러진 호미자루 한 자루
그 자리에 그대로 두지도 않고

긴 전쟁에 서럽게 죽어간
어느 병사의
녹슨 이름표 하나

고향 집에서
애타게 기다리는 어머니 품에
넘겨주지도 않은 채

너는 굽은 역사를 끝내
혼자서만 등에 지고 간다

천삼백 리
저 머나먼 길을

낙동강,
너는 아직도 홀로 힘겹게
그 길을 가고 있다

지구 염문록

내 죽으면
죽어서도 쉬 죽지 않는
저 밤하늘의 태양

별이 되고 싶소

아픔으로 못내
잠 못 드는 밤의
이들에게

힘들고 고된
슬픈 잠까지 모두 데불고

떠난 사람 더
띠니지 못하게 품이

사랑으로
다시 눈뜨게 하는

별이 되고 싶소

내 죽으면
또 한 가지 소원

달이 되고 싶소

서럽게 서럽게만 죽어간
수만 사랑의 영혼들을 위해

그들의 사랑길 밝혀
다시 돌아오게 하는

달이 되고 싶소

경계

상(像)이야,
너도 아느냐?

우리가 살아가는
이 모든 곳의 모퉁이마다에
매일 서로를 깔고 앉거나

비틀고 생채기 하며 짓뭉개어
아무도 모르게 진실에서
멀어져가게 하는
시간의 경계를

우리들 인생 모두가
멀거니 키만 커서
이 세상 경계에 부딪쳐
넘어질 때쯤 되면

그 꼬인 마음과 행의 실타래
속히 내려놓으며
처음의 기본으로 먼저
돌아갈 일이다

누군가 서로
탱탱하게 끌어당겨 걸어놓은
덫에 걸려 헛발 딛고 갈 즈음

비우면
비워낸 만큼 더 크게 채워지고
다시 채워지면 또 비워내며 가야만
더 큰 무엇들로 잘 자라나듯이

경계라 함은
이 세상 거짓과 진실을,
사랑과 미움을,

그리고 부처와 중생을,
성자와 마귀를 구분하여
말하는 것이리니

색즉시공 공즉시색

순수와 진실만큼
이 못된 세상을 능히 이겨
가장 높고 안전하게 가게 하는 힘은
없느니라.

순수와 진실만큼
이 못된 세상을 능히 이겨
가장 높고 안전하게 가게 하는 힘은
없느니라.

늦가을

저녁 무렵
강가에 가면

누가 자꾸 운다

울면서 또 자꾸
더 깊어지는 가을

졸다 쓰러지다
다시 일어난 바람도
지물지물
나를 따라다니며
한없이만 운다

달빛으로 들어앉은
찬 서리

하늘 집 안마당 가득
다시 그렁그렁
별들 사운 대며
설익은 마음들로만 와서

나를 소작한 세월들과 함께
자꾸 풀벌레 마른 잎들보다
더 서럽게 서럽게
사갈거리며 운다

대왕암 그대를 모두 품다

울산의 끝
그대는 바다 위의 산이다.

왕이시여,
언제 그 봄날의
새록새록 살풋했던 사랑을
혹 기억하십니까?

당신께선 기막힌 천년의
영생(永生) 혼(魂)을
갖고 계시는 군요

그런 일엔
나는 또 실패를 했습니다.

나는 끝내
당신처럼 영험해질 수도 없고
그리 가벼워질 수도 없으니
그 길은 포기할 수밖에-

제가 무척 사랑하는
왕이시여,

참을 수 없는 이 존재의 이 무거움을
제발 어딘가에 그냥 이대로 쿵,
내려놓을 수 있는 곳은
혹 없을까요

어떤 세상과
어떤 거짓 메아리들 속에서도
힘들이지 않고 건너서는 지혜
오늘 여기서 담아갈 순 없을까요

수만 시간을 훌쩍 건너며 떠난
왕이시여,

극심한 시대의 편두통을 앓고 온 나는
온갖 절망을 건너는 법을 배우기 위해
수없이 포진해 있는 용병들과
매일 싸우고 있나니

바람 많은 이 세상
왕이시여,

그대는
동경 밝은 달밤에
별빛까지 모두 안고
밤늦도록 파희(波姬)들의 춤사위까지
품어 매일 바라볼 수 있으니

이는 분명 너무너무 부럽도다

사랑하는 왕이시여
이제 나는 오던 길로
다시 돌아갑니다.

마지막으로
온갖 욕망으로만 가득 차 얼룩진
이 현세인들 속 폐허의 영혼들을 부디
그대 영생의 맑은 면경(面鏡) 속에
모두 희고 푸르게 가 닿게 하소서

이상 無

* 여러분! 이 문무대왕의 수중왕릉도 〈본 왕릉은 잘 보존하고〉 다른 모형을 이렇게 해 관광과 교육, 맑은 에너지 수익까지 얻는다고 해서 문제가 될까요?

산의 말씀

사는 일이 힘들 땐
온몸으로 돌아있는 기(氣) 잡아 이끌고
산에 올라가 보아라

먼 山 가까운 산
곰보 째보 허리 굽은 산
낯빛 푸른 山
어디여도 좋으리라

살다 보면 더러는
미운 놈 고운 놈
사랑하고 싶은 이와
그 얼굴조차 보기 싫은 사람들까지 모두
지천으로 널려 있을 것이나

어차피 인생은
길(吉)과 흉(兇)이 매일
함께 걷고 서로 벗하며 가는 법이니

흐르는 세월은 우리들 이마 위로

마음 心字 하나씩 더 크게 그려주며

마음이 먼저 손잡고 가는
산 바다를 거쳐서
저 그림자 없는 천 개의 구름을 건너
푸른 메아리로 메아리로서만
다가설 수 있는 곳

내려서라, 내려서라
(이.무.소.득.고)

그렇구나.
산은 오늘도 국경조차 없는
大 설법(說法) 中

그곳은
아버지 당신을 닮은 나라
우주. 宇宙입니다

* 이 정도의 설치 분량이면 약 1,000메가와트 정도라고 보시면 됩니다. 대단하죠. 또한 우리의 밤길이 멀리서도 가까이에서도 얼마나 아름다울까죠?

만유지(萬有地) 5

곳에서는

만유(萬有)를
어떤 하나의 그릇에
담을 순 없지만

뚫어진 구멍마다
만유(宇宙)의 길이 생긴다

또 이곳에서는

뚫어진 삶의 허구 속에도
곳곳 천연덕스럽게

그 허구(지옥)의 만유(萬有)가
생긴다

만유지(萬有地) 6

곳에서는

그 모든 사유 속에서도
더한 갈증이 인다

모든 것 가능의 세상
만유지(萬有地)

그 한가운데 풍덩,
생명을 빠뜨릴 순 있어도

무엇 하나 그 진실을
어길 순 없다

곳에서는

거짓엔
무엇 하나 담을 수 없는
만유(宇宙)가

사방에 널려 흩어져 산다

MA
KOR
MAD
KOR
기다
I have to
have to
tiny

나무의 書

오랜 시간
누군가와 함께 자리해
나눈다는 것은

오랫동안 기억할 수 있는
인생의 시간을 함께 만들며 생산하는
아주 귀한 일일 것입니다

우리 모두는
전혀 아무것도 그려져 있지 않은
텅 빈 깨끗한 도화지로 세상에 와

그 도화지 위에
적당한 크기의 붓으로
자신의 인생행로를 점차 그려가면서
마침내는 결국 점점 저마다의 모습으로
완성되어 가지요

세상은 늘 모든 곳에서
존재의 가능성을 위해
자신 속에 숨겨진 모든 능력을
부단히 찾아내어 발휘해줄 것을
요구하는 집대성(集大成)으로

한 나무에 대한 시를 쓰려면
철저하게 그 나무로서의 자신이
먼저 되어야 하지 않을까요

그리하여 그 외로움이
그 나무의 그림자만큼 길어지며

그 그림자가
스스로의 나무에 가 닿을 때
비로소 성숙한 한 나무에 대해
천천히 말해지겠지요.

그러다 어느 날
한 나무의 전(全) 생애(生涯)가
그 나무처럼 흔들리며

해 질 녘 그 나무의 시와 노래를
나무 위에 날아와 있는
이 세상의 모든 새들에게
들려줄 수 있을 때까지

그 나무에 걸어둔 눈물이
전설처럼 엮어져 세상 밖으로 밖으로
걸어 나올 수 있을 때까지

부단히 스스로 모든 진실을 향해
一行 一木처럼 살아가는.

더욱 부지런히 스스로 모든 진실을 향해
一行 一木처럼 살아가는.

해월정(海月亭)

한 달이면 꼭 한 번씩
어김없이 찾아오는 달(月)

바다라고 왜 전혀
사랑하는 이가 없겠는가

산, 바다
그 사이에서 연민을 만들고
애증을 만들며 모두를 기르는데

긴 파도처럼
밀려오는 회한이여,

그 큰 돌 바위마저
산산이 깨어져 버리고
허공의 허리께까지 모두 부서뜨려
거머쥐고서야

바람은 바람대로
나무는 나무대로 물은 물대로
제 갈 길로들 가노니

누군가 지금 모두
이곳을 떠난다 해도
내가 그대를 영영 보내지 않는 한
이곳 海月이듯 곧 다시 돌아오리니

밤길은 싸움에서 진 사람인가

삶이란 그다지 숭엄하지도 않고
삶이란 또 그다지 비천하지도
않은 것

그대와 나
해 질 녘
한 소중한 나무의 노래로

그 나무의 마음(詩와 진실)으로
한 번이라도 처절히
귀 기울여 보았던가

긴 세월
그 나무에 걸어놓고 온 눈물이 모두
설화(舌禍)로 익어간 그 이유를 알며
말이다

가거라 시간이여,
진정한 사랑의 봄, 가을이 올 때까지

사랑한다는 것은 정녕
미워하는 것보다 연신 연신 더
힘 드는 것이네라

사랑한다는 것은 정녕
미워하는 것보다 연신 연신 더
힘 드는 것이네라

BL KOREA
식물LED하우스

그믐달

그렇구나
넌 이제 서서히
저물어가는 달이었구나

아무도 다시는
돌아보지 않으리라던
그 말 한마디

이 지상 위로 불쑥
내려놓고

아직도
다 거두어가지 못하는
그 정(情)은 대체
무슨 연유인가

특별한 까닭 없이도
오로지 자연이 준
그 현상만으로도

하나의 커다란 生마저
힘없이 야위어가야만 하는
그 쓸쓸한 이치

참으로 진실한 生만이 긋는
참으로 순수한 영혼만이 갖는
神의 그것보다 더 깊은 의미를,

달아, 너는 아는가

스스로 알지 못하는 한
스스로 보지 못하는 한

우리네 사람의 삶 또한
그 누구도 가르쳐주지 못하는
그 깊은 진리를

우리가 살아서
무엇인가를 하기에는
시간은 너무 짧다

제대로 사랑하기에는
더욱 길지 않다

산이 무너지고 있다

아, 어느 세월에
다시 사람을 만나

저물어가는
저 달만큼이나

깊은 무덤으로
사랑해볼 것인가

* 이상화 100주년 기념 우수상 추천 시

소록도

기약도 없는 행로(行路)

저들 모두
살아서 다시
집으로 돌아갈 수 있을지 모르겠다

허락도 없이 주어진 단절은
이미 반백 년을 넘게
붙들어 세워놓고

하 많은 세월
사람이 버려진 저 땅에도
아침은 오는가

누구하나 바라지 않던 입소(入所)

저렇듯 아득한 길을
뉘라서 저들에게만
끝내 걷게 하는가

이제는 맨 처음의 끝이거나
영원의 시작이거나
할 수만은 없는 일인지…

어느새
유년의 산들이 바다가 되고
언덕이 되고
소년은 죽어서 비석이 되었다

보리피리 불던 시인도 가고
죽은 사람 모두
이승에서 다 보지 못한 세상
저승에서나 보라고
바다는 매일 하늘만 담았을까

한때는
수평선 저 끝에 남아있던 그리움

지금은 잊었소
아무것도 묻지 마오

고향산천 부모 형제도
잊은 지 오래라오

So-rok Do Island

A way of no return!
Or did anybody

Come alive out of it?

A place where those Ⅲ-
fated people were forced to stay
All their life
Did they ever enjoy
The rising sun in the morning?

A place no one wants
To be checked in.
A way of despair and hopelessness,
Who ever forced them
To follow it!

and Why only they had to suffer
Such a cursed road!

In such long span of time
As hills were
Changed into the sea
And back into the hills again
Leaving epitaphs here and there.

With that shining name
Of a poet among them
The poet of Barley Flute
And his dear co-inhabitants there
On that lonely barren island,

For whom only the sky
Was the mirror
Of the our world

Their words hidden in the winds
Here and there-

"All, all are forgotten,
Those dear sweet faces
Of Pa, and Ma, brother and sister,

That used to arise everyday
Above the horizon of the sea."

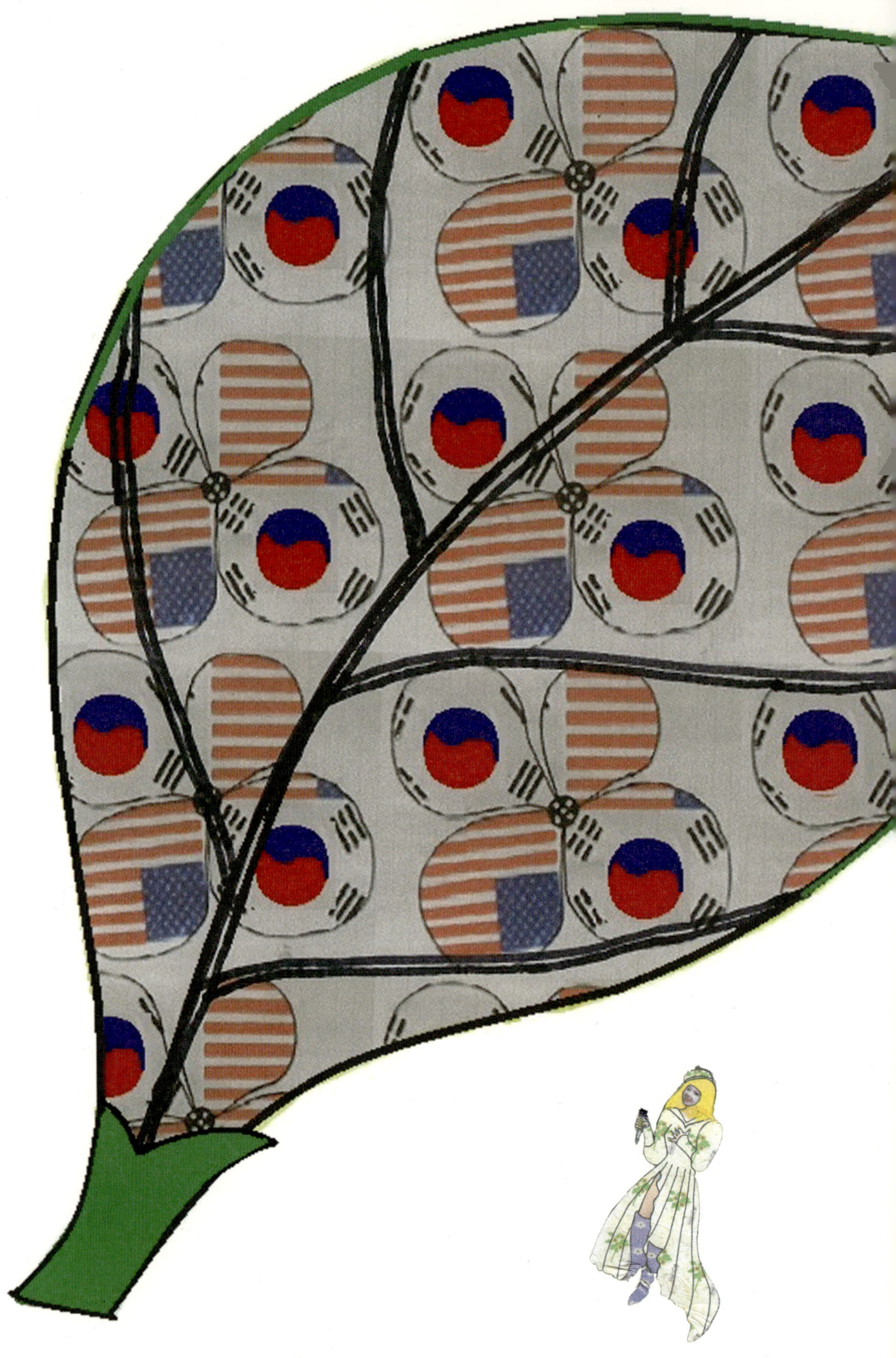

나무

나무야.
우리들 삶은 언제나
너네들 모습과 그 변화무상의
나이테 속에 있다

세상의 모든 길은 언제나
또 다른 길 위에
어김없이 너네들을 데려다 놓고

무슨 장난인지 매번
너와 우리들 모습과 성장을
함께 저울질하곤 하지

이 세상의 아주 욕심 많거나
고약한 사람들은 너와 우리를
어느 날 머리와 몸통을
통째로 함께 잡아당기거나

빨리 키워 내다팔
촉진제니 뭐니 해서
법석들을 하지만

그런 나무란 늘
잠시 동안만
눈에 띄는 꽃일 뿐이란다.

싸늘하게 응고된 육체의 죽음이거나
너무 기형으로 꼬이고 비틀어져
생명의 소리는 깊은 심장 속을
통과하지 못한 채

뜨거운 태양 아래
펄펄 끓는 검은 아스팔트 위에서
머리와 동맥이 멎은 채
한낱 시신으로만 서 있을 뿐이지

저기 봐
여기 저기 푸른 생명이
빠져나가 버린 그 자리
상상이 가지?

조금 늦은 도착이면 어때
멀고 기 인 시간의
인생길을 오래 낚으며
가려다 보면

늦을 수도 있는데 –

너무 지나친 욕심이
세상 속도전에 깔려
그만 또 누군가가
먼저 가버렸군

이 오후 한나절
한없는 이기와 야욕에
어디선가 또 한 무리의 살모사가
그들 배를 채우려 다가와 있다

어쩌지?
하지만 그들은
다시는 그런 이들을 향해
쉬 손 내밀거나
더 이상의 움직임이 없으니…

더러는 떠나는 것이 아름답다

그만 떠나야 할 때
떠나는 사람의 뒷모습은
아름답다

시간이 다한 권좌를
선뜻 다른 누군가에게 넘겨주는
그가 아름답고

변심한 사람에게 화야 나지만
탓 없이 고요한 웃음으로
보내주는 이가 아름답다

또한 죽음을 앞둔 자가
그 죽음보다 그 상황 자체가
더 힘든 일이지만

그 죽음을 초연히 받아들일 때
그 모습은 더욱 아름답고

모든 욕심에서 훌쩍
떠나는 자의 뒷모습은
더 위대하며 아름답다

위빠사나
무수한 행성들을 불러 모으듯
편견과 아집
독선과 모든 이기를 내려놓고
나 아(我)의 비워진 본질에 서보면

더러는
떠나는 것도 오히려
그럴 수 없이 아름다운 일이다.

* 여러분! Solar Cell 은 실내에서도 발전이 가능합니다. 그러니까 실내 의상에서도, 벽 혹은 식탁 위에서도 창문과 또다른 곳, 모두에서 말입니다.

느림의 행복

그래.
가끔은 말이야
너무 빠른 것들이 싫을 때가 있지

마치 짧은 시간의 사랑이
얕은 그리움을 더하며

그 그리움이
오탁 된 세상의 마지막 꿈이 되면
영영 깨어남이 허무하듯이

떠나는 것들은 언제나 모두가
슬픔으로만 남거든

잠시만 행복을 주곤 사라져간
그런 모든 것들은 모두가
다 말이야

오래 살다 보면
느리고 더디더라도
온전하며 진실한 게 좋음을
알아질 때가 오지

우주의 역사도
이 세상 모든 길도
모두 모두

천천히 걸어야 제대로를
잘 볼 수도 있고

더 많은 걸 얻어내며
음미해 갈 수도 있듯이 말이야

그래. 분명
더러는 느릴수록 좋은 게 있지

오래 오래가며
제대로 행복해지고 싶은
그런 것들은 모두가 모두가
다 말이야

오래 오래가며
제대로 행복해지고 싶은
그런 것들은 모두가 모두가
다 말이야

* 이 시의 '아이야!' 는 어느 한 세대를 뜻함이 아니며 또한 모든 시어는 그 단면적 밖의 언어가 주인이 아니라 대단히 높고 심오한 우주의 총체에 있음이며 '너에게 주마' 역시 제가 주는 것이 아니라 스스로가 그 본질 수위와 무엇에 크게 눈을 뜨고 진실로 도달하면 부처와 예수를 스스로가 갖듯 우주의 모든 것들이 자신 안에 있음을 역설적으로 적은 글입니다.

온 세상 모두를 너에게 주마

아이야!
깊은 산에 들어가 보면
도시를 버리고 도망쳐 나온
바람난 바람들이 그곳에 모여앉아
산단다.

독(毒) 사탄을 피해간
온갖 인재들도 여럿
그곳에 모여 살고

어둠을 떠나온 철새와 시인도
그곳에서 사람의 하늘이 되어
산단다

오랜 시간 모두들
스스로들이 만든 마귀들과 거짓에
멍들고 지친 탓이다

또 깊은 산에 들어가 보면
도시에선 전혀 보이지 않던
너와 나 자신도 잘 보인단다

아무리 많은 시간을 보내도
쉬 읽어내지 못하던 세상과 푸른 경(經)도
슬슬슬 눈 밝은 성자와 선승이 되어
가슴 깊이 꽂혀오는 그 기쁨

오오. 이쯤 되면 이 세상
어떤 천리향인들 뭐가 부러울까?

세상 마(魔)의 유혹만을 따라
어딘가로 수없이 멀리 떠나가던 아이야.
제발 눈을 뜨렴

귀를 열고 밝게
본래의 눈을 크게 뜨면
그냥 이대로 온 세상 모두를
송두리째 다 너에게 주마.

이별가

故崔井石 박사님 영전에

스승님은 늘 관세음과
그리고 하늘님처럼
내 머리 위에서 늘 내려다보시곤
환하게 웃고 계셨지요

이 生에서 다하지 못했던 사랑과
고귀한 가르침

저승에 가시면서도 그 속 깊은 中道愛
곳곳 가없이 심어놓고 가셨으리

몇 조(兆)의 돈으로도
결코 살 수 없는 무엇이 있다면
바로 참된 믿음과 진실한 사랑이려니

일생을 하루같이
정갈한 옷매무새에 희고 정겹던 강연

한 생애 동안 튼튼히 쌓아올리신
그 예림(藝林)의 성곽
한없이 높고 푸르기만 한데

어느새 홀로 돌아누워
그 가신 곳을 우리는 모르니
이 쓸쓸함 어찌하면 좋습니까

파도 치는 여름 山 같은
우리들의 타고난 모습과
타고난 마음씨까지야
그 그늘로 다 가릴 수야 있으랴마는

靑山이
그 무릎 아래 지란(芝蘭)을 키우듯
희고 푸르게 길러주신 그 은혜
결코 잊지 않으며
다시 세상 밭 어린 뿌리들에게
널리 심겠습니다

진정한 문도(文道)의 길은
늘 먼저 '사람이 되는 일' 이라시던
당신의 그 말씀
아직도 귀에 쟁쟁하기만 한데
님은 이제 가고
어디에서도 찾을 길이 없습니다

한 번의
이별 연습도 없이
훌쩍 어느 날 홀로 떠나버린
당신의 그 이름 목에
별 하나 걸어놓고

오래전에 먼저 떠나 잠든
杜甫와 릴케
보들레르를 깨우는 동안
당신께서도
이제 그 별에서
함께 늘 행복하시기를,

그대 이름
최정상의 우물처럼 맑고
돌처럼 단단한 지성의 井石

이곳 낙동강의
결 고운 조약돌이며
멀고 먼 이국 올림포스 산의
든든한 바윗돌이기도 할

언제까지나 소년처럼 맑고
순수했던 나의 스승

경산과 이곳 대구
그리고 대한의 샘물 속

언제까지나 변하지 않는
억 년의 돌로 남아
오래 오래도록 길이 빛나시기를.

달빛 소나타

어스름 저녁 무렵
월광 수변 호(湖) 근처

비탈진 언덕길로 난
月光橋 그 애잔한 다리 끝에 가
서 보아라.

산산이 부서지는
스무사흘째 날 밤 그 달빛보다 더

서럽게 서럽게 어깨 들썩이며 우는
수만 망초들의 슬픈 일상이
다소나마 잘 보이리라

호면(湖面) 위 온갖 편린들
애환의 불면 뒤채는 저녁이면

가끔씩 파문을 연달아 짖는
산천어 입질보다

가을 이맘때면 더
촉촉이 내려와 앉는
밤이슬 속 애절한 그리움

외로운 이들이면
더욱 잘 보일 테지
아마.

그 섬

그 섬 (1)

이 가을
어느 선착장에서
배를 타면

다시 그 섬에
가보고 싶다

외로울 때면
홀로 빈 山 되어
눈 지그시 감던 그 섬

다시
어진 그를 만나보고 싶다

연중(年中) 내내
세찬 파도, 긴 수평선이듯
이어 이어
하얀 그리움 짓던 섬

저렇게 애절한 기다림
틈새마다 끼워두고
사랑하는 이 찾아갈 때면

억만 년쯤 그냥
바다로 정인(情人)으로
살다 가라고

몸. 마음. 손과 발
모두 함께 묶어두는
기막힌 섬

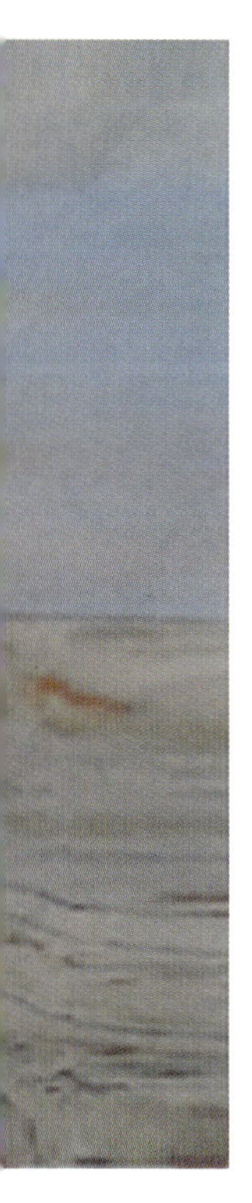

The Island (1)

In this autumn
I want to leap up
On to a boat from a pier
That used to close eyes
On things
When it feels lonely
Like an empty hill
I want to see that face again,

A face so gentle and kind
Facing the strong waves
All the year round
Longing for things
Beyond the horizon
Waiting for people

Yesterday, today and tomorrow
Like a human being longing
For his beloved forever more
An island longing, waiting
With all its limbs
Tied to itself all alone

그 섬 (바다 편) 67

1. 바다는
   큰 입이 하나

   막아도 막아도
   그대로 열려있는
   입이 하나

2. 바다는
   손과 발도 하나

   잠시도
   쉬지 않고 일하는
   손이 하나

   이 세상 누가 와도 매일
   어딘가로 쉼 없이 걸어가는
   발도 하나

그 섬 (6)

섬은
바다와 손을 잡고
일 년 삼백 육십 오 일을 매일
붙어살고도
하루도 떨어지는 꼴을 못 보겠다

파도가 워럭 화를 내며
세차게 덮쳐도
눈 하나 끔쩍도 않는 저 배짱

모두 마취되었구나
물은 물이라서 바다여야 산다며
아우성이고

섬은 섬이라서
바다만이 바다만이
자신들이 살 집(家)이라며
또 아우성이고

그저 모두가 바다 위에서만의 고립

The Island (6)

Nothing, no one can separate
The island from the sea and
As they stuck to each other
for the whole year of three
hundred sixty five days though
The angry waves hit them continuously
And still they are put together
Without a wink as if they all were
anesthetized and the water
says it needs the home of the sea
and the islands argue the same
And still they are all separated
Upon the sea.

* 이 인력거는 실내에 앉은 손님도, 끌고가는 주인도 모두 사계절용 의상 온도까지 가능과 발전사업 기능으로 수익도 얻고 반오토기능 작동까지 가능합니다.

그 섬 (32)

그 섬에서는
그 거대한 바위도
바다를 이기지 못하며

섬 가를 둘러싼
긴 담장마저도

한낱 순간에 쓰러지는 무엇임을
모두가 알며 시인한다

그 섬 (3)

그 섬에서는
기도는 바다가 하고
응답은 파도가 해준다

식량도 물도
교육도 길 안내도 모두
파도가 대신해 가져다 준다

The Island (3)

Around the island
The sea prays
andn waves answer
for the prayers ; yes, it' s
the waves that providd
food, water, education
guiding the way itself.

그 섬
(49)
그 섬에서는
끊어도 끊어도
이어지는 바다 앞에
너나없이 모두 다
마침내는 모두
무릎 꿇고 만다

many
my
ago
annot
has
been
Why
be
A
been
still
that
on
Ceaselessly
기다리는
이유

그 섬 (7)

그 섬에서는
바다가 그들의 눈. 코. 입

떼어도 떼어도
절대 떨어지지 않는 눈. 코. 입

The Island (7)

Around the island
Only the sea has its eye, nose,
And mouth and nothing
Can separate the eye, the nose,
The mouth from one another.

그 섬 (2)

아침 일곱 시
섬은 세안을 하고
바다는 급히 아침을 먹는다

섬 머리에 해가 솟고
바다 노-트에
날짜를 기록하는 파도

그저 매일을 그들은
기다리는 것만으로도
족한 존재

섬은 사람을 기다리고
바다는 해(日)를 기다린다

The Island (2)

At seven in the morning
The Island washes its eye
And the sea eats breakfast.
Over the head of the island
The sun rises and the waves
write the date on the
Notebook of the sea
And there is somebody
who is satisfied with
waiting itself.
The island wait for man
and the sea waits for the sun.

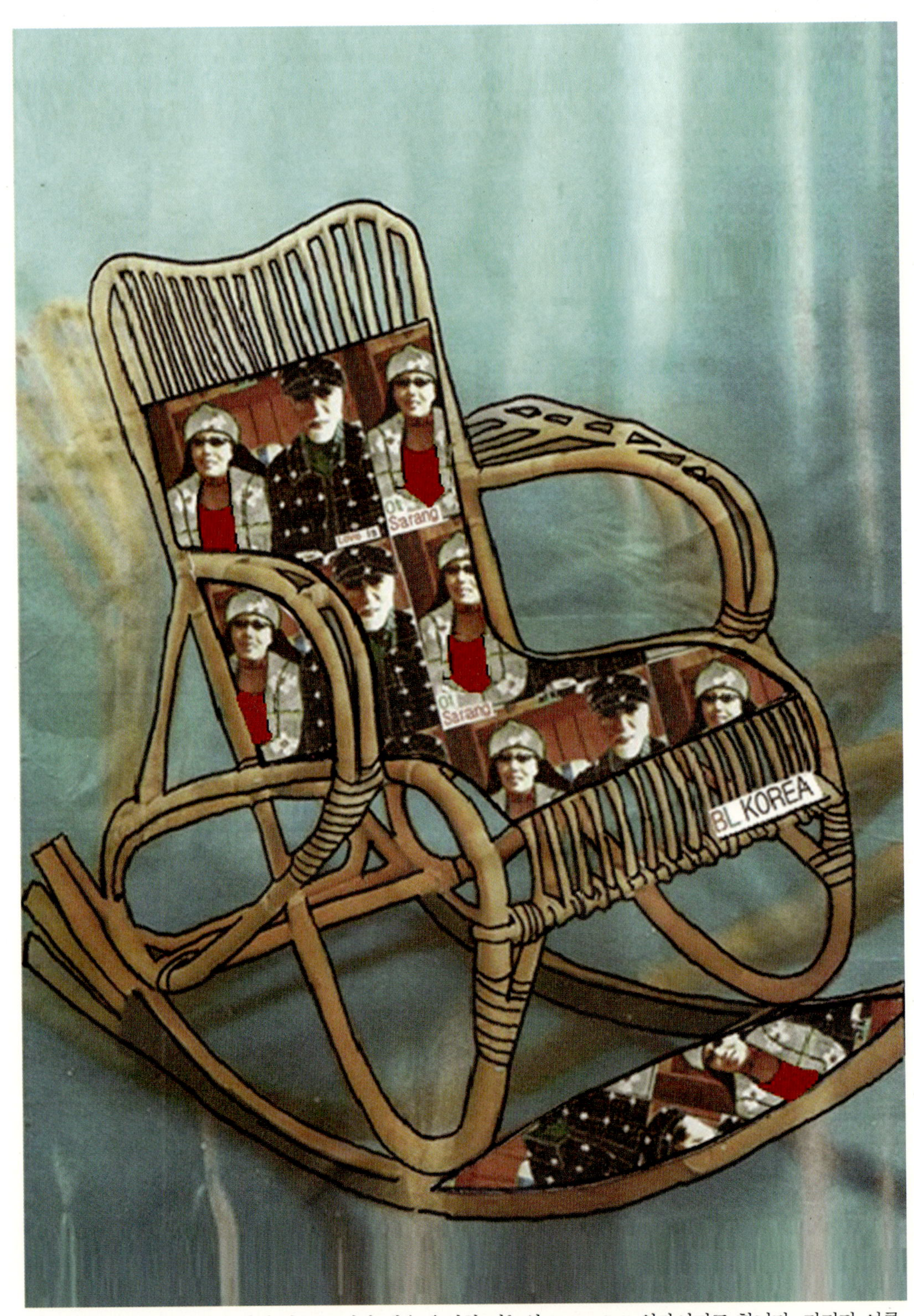

* 여러분! 이것은 앞에서 봐선 잘 모르지만 매우 유익한 기능성 Solor Cell 의자이기도 합니다. 거기다 여름엔 시원하고, 겨울엔 따뜻하며 발에도 신체자극 유익의 건강회복 기능까지 들어있다면?

그 섬 (30)

그 섬에서는
佛(불)도 하나
중도 하나
하늘도 하나

눈과 손도 각각 하나
서로를 보는 거울도 하나

그 섬 (69)

그 섬에서는

한 사람의 관광객도
빠짐없이 모두
바다를 제 애인 삼으려고만 한다

데려온 제 애인들은
모두 버려두고

구석구석 숨고 숨어 앉아
밤이 깊어 가는지조차 모른 채

바다만을 보쌈해
제 신랑 각시 삼으려고만 한다

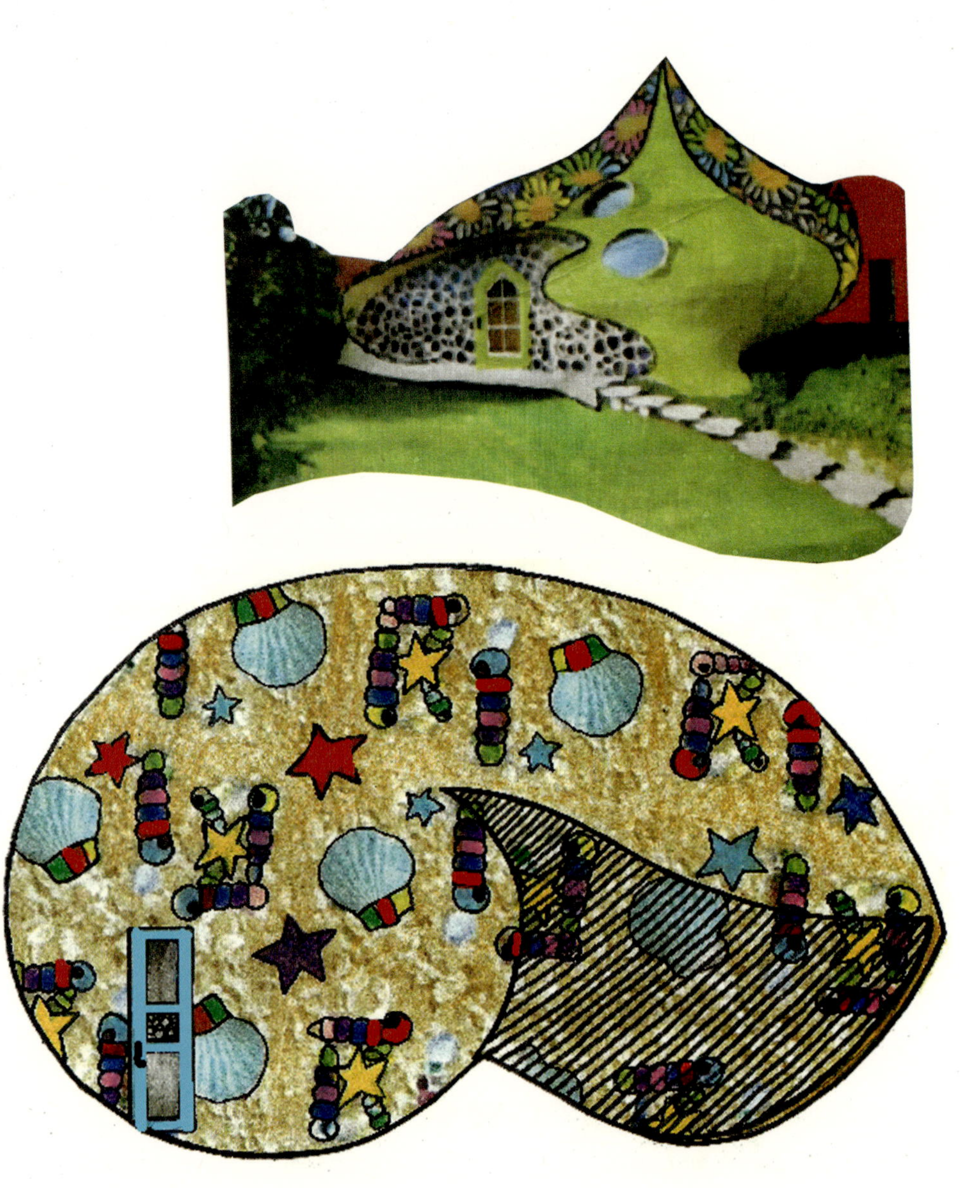

그 섬 (115)

종일
수평선을 떠도는 섬 하나

기인 허리띠 매고
온갖 춤사위 속에 산다

젖다 부서지다
늘어지고 찢어지는 파도처럼

극심한 요동과 외로움
수없이 부스럭거려도

그 짓은 끝내
범추시 않는다

깨지고 부서져도
그리운 걸 어찌하리

G 선상에 흐르는
부드럽고 감미로운
저 바람 소리

잎 넓은 그대 바다에
기막힌 세상(사랑) 하나

다시 놓고 간다

그 섬(40)

그 섬에서는

한 사람의 나그네도
여행자도
빼놓지 않고 매일
바다를 본다

거센 바람이
그들의 눈을 흘기며
세차게 덮쳐도

파도가 온종일
모든 길을 막아도

섬 구석구석마다
숨고 숨어 앉아
다시 바다만을 본다

* 여러분! 아름다운 인생은 가능한 더 좋은 인품과 그릇을 가진 분들이 많아지만 질수록 좋겠지요? 우리가 우표와 돈을 찍어낼 때도 그래도 거기에 모델이 될 수 있는 훌륭한 분들을 내려고 하듯이…….

그 섬 (4)

그 섬에서는
소방차 한 대 없어도
잘도 불을 끈다

해와 달
사람이 지피는
잦은 육불(肉火)까지 모두
바다만의 손으로 잘도 끈다

The Island (4)

On the island
There is no fire-fighting car
And they know how to
Put out the fire, yes, the fire
On the sun and on the moon
And even the fire inside a human body...
are put out by the hand of the sea.

그 섬 (13)

물속에 갇힌 섬
그 물을 베고 잔다

그 물보다 힘센 파도를 만나도
그보다 더 센 해일을 만나도

아무렇지도 않은 듯
그냥 잔다.

The Island (13)

The island locked in the water
Is asleep with its head
on the pillow of water.

Confronted by the waves more
powerful than the water,
Confronted by the tsunami
stronger than the water,

It keeps sleeping all the way
As if to care nothing

김철 · 역

BL KOREA
Love is

그 섬 (39)

일출봉에 올라
바다를 본다

바다만의 생각으로
나를 본다

비로소
大자유 위에 선 자유

그 섬에서는
누구 하나 아무도
묶어두고 있지 않는데도

사람들만이 저마다
그곳에 더 세게
묶여있다고 한다.

그 섬 (37)

살아서 늘 외로웠던 사람
그 섬에서는 행복하라고

해와 달, 새, 별
그리움까지 모두 함께 실어

같이 보내주었다

Love is

그 섬 (94)

그 섬에서는

언젠가
하늘도 바다에 항복하고

수평선이듯 결국 모두
평행을 이루리라

그 섬 (41)

그 섬에서 나는

가장 먼저
수평선에 길을 잃었다

더 이상은
가지도 오지도 않던 곳

그곳이 바로
하늘과 바다가
손 맞잡고 선 곳일 줄이야

카페에서

* Solar Cell 과 LED 등으로 설치하는 모든 장과 파트며 곳에는 대단히 다양과 아름다운 표현까지가 가능합니다.

Cafe 참새와 허수아비

해거름
노을빛 구름다리 아래로
금호의 푸른 강물이 흐르고 있다

차창 밖으로 급히 달려온 바람
너는 누구인가!

귓가에 스치는 찬 공기에 놀라
떨리는 가슴으로 손 내밀어보면

어느새
힘차게 부르던 이들
하나도 보이지 않고

그리움만 누워있는 마른 땅 위에
아, 어제의 사랑은 지고 있다

내가 서 있는 이 계단에서의
허무와 외로움

살아있다는
그 존재의 확인으로부터
다시 천천히 나를 되돌아본다

두 개의 눈으로도
앞이 보이지 않을 땐
눈 귀 모두 다 내려놓고
강가에 서 보자

그러면
거기 순리를 어기지 않고
제 길을 걸어가는
저 장강(長江)의 기슭을 따라

아래로 아래로만
흘러간 사람들의 모습이

다소나마
내 눈에도 보일 수 있으리라

cafe '참새와 허수아비' 의
키 낮은 집에서
살아있는 가수의 노래를 듣는다

인생이란
한 개의 작은 낚싯바늘만으로는
절대 건져질 수 없는 그 무엇이라고
허수아비는 매일 노래를 한다

누구나 모두가 처음엔 서로
참 나의 믿음으로 만나

결코 변치 말자
굳게 맹세하던 언약들이

어느날
차디찬 등으로만 보여졌을 때
사랑으로도 다 녹이지 못할
그 무엇이 있다면

인생이란 본래가 슬픈 것이라고-
삶은 매번 그들에게도
그렇게 거듭 되받아
일러준다.

Cafe 해바라기에서
-그 여름날에

세월은 가고

하지만 나는
그 여름날의 추억 외엔
아무것도 아무것도
기억할 수가 없습니다

사랑하는 이여,

언제부턴가
그대에게로만 향해버린
나의 마음은

활화산 같은 그대 손에 사로잡혀
아직도 그대가 부르는 소리만을
들을 수 있습니다.

기억하시나요
당신은 그 여름에
절대군주처럼 내게 다가와

조용한 나의 가슴을
뒤흔들어놓고
붉디붉은 나의 마음을
훔쳐서는

내 귀를 막고 서서
소중한 나의 이 두 눈마저
모두 빼앗아 달아나 버렸습니다

하루
이틀
사흘 나흘

한 달
두 달, 석 달

어느덧
그 여름날은 가고

남아 있는 날들을
저 푸른 감옥에 갇혀
홀로 저 혼자
지새울 것을 생각하니

나는 두려움에
온몸 떨다 쓰러집니다

Cafe 숲속의 섬

집을 떠난 섬
외로울 거다

등대가 사라진 산 위에선
이미 길 떠난 선박조차
보이지 않고

매일 어깨 위를 날던
갈매기 떼마저
다시는 찾아오지 않는다

바다를 잃은 섬
슬플 거다

선 채로는 눈물 보이지 않아도
밤이면 창밖에 거울을 드리우고
달빛에 내미는 젖은 손 보았다

고향을 버린 섬
그리울 거다

시방 애써 그립단 말은
하지 않았어도

그는 잃어버린 행간 행간마다에
두고 온 추억 하나씩
찾고 있는 중이다

Cafe 하늘과 바람과 별과 시

동주 형,
그대가 그렇게 떠나버린 지도
어느새 어언 수십 년

안타깝게도
그 짧은 목숨과 맞바꾼
조국의 밤하늘엔 시방

그대의
그 눈물 닮은 별이
여기저기 주렁주렁
비어가는 산자락에
매달려 있습니다.

언제였을까요
그 희고 푸르던 밤도 가고
그대는 이미 가고 없지만

남아있는 우리는 결코
(죽은 시인의 사회)란
차마 상상할 수조차 없습니다

이 팔공산
어느 깊은 골짝
언덕배기

나는 여기가 정확히
어디쯤인지조차 잘 모르지만

그대의 서시가
푸른 하늘로 걸린 이곳에서

온몸 시리도록 기막힌
옛 시혼(詩魂)을 느끼며
바라보고 있지요

조국은 다시 가을입니다.
만추의 가을

산도들도 하늘마저
넉넉히고도 여유로외

사람들은 비록
시류에 고달프고

잎이 시든 나무에서는
매일
낙화(洛花)가 이루어져도

형.
시방 조국은
너무도 아름다운 가을입니다.

Solar Cell의 하우스는 무척 다양하며 아름답습니다.

세레
나데

시인의 노래 · 1

그는
오늘도 노래하여요.

저 드넓은 하늘과 땅
이 세상의 모든 만물을 위해
넓게 기도하며

사랑으로 짓는 말씀

그것이
시인의 노래입니다.

시인의 노래 · 2

때로 그의 노래는

푸른 정원(들판)을 그리는
화가가 되기도 하고

온 세상을 다스리는
성직자가 되기도 하며

어느 땐
아주 가난뱅이
거지가 되기도 하고

또 어느 땐
아주 아주 큰 지도자와
높은 교육자가 되기도 합니다.

* 이 시계 디자인은 그냥 Solar Cell 모형일 수도 있으나 멀리서 봐도 시간까지 알 수 있는 LED까지의 대형 하우스(가게)일 수도 있습니다.

시인의 노래 · 3

그래요 그는 종종
바보가 되기도 하지요

바보가 되는 일이
가장 어려운 세상에서

바보만큼 누구에게나
안전하고도 착한 이가 없으니까요

바보만큼 누구에게나
안전하고도 착한 이가 없으니까요

시인의 노래 · 4

매일 해가 뜨면
온전한 새가 되어
온 세상을 날 수 있게 하소서

그러다 하루를 접고
곧 쉴 시간이 오면

세상 어둠을 모두 등져
다시 새날을 위해
기도하는 현명人이게 하소서

그리고 다음으로는
그 새날들을 위한 따뜻한 기도의
참 주인이게도 하소서

* 기와의 담장은 특히 동양에는 궁궐에도 어디에도 대단히 많지요.

시인의 노래 · 5

그의 노래는
이 세상의 수십억人 족보를
세탁하기도 합니다

누구든
진실의 씨를 뿌리고
메마른 땅을 가꾸는 일을
결코 두려워하지 마십시오

그네들은 언젠가
수만의 인재와

반드시 어느 날
아주 귀한 알곡의 곡식을
수없이 거두게 되리니

* 흔히 발레는 요정의 움직임이라고 하기도 합니다. 비단 발레뿐만 아니라 우리의 전통민속춤도 무대인들도 아름다운 문양과 디자인까지의 경제와 위치까지가 가능해지겠지요.

바다가 주는 선물

바다의 선물

잠시 어지러운 도시를 떠나
다시 너의 손을 잡는다

너의 손과 모습에서
오늘처럼 이같이
편안함을 느껴본 적이 과연
얼마만의 일인가

무작위의 개발바람으로
이제 깊은 산속이나
아주 작은 섬이며 바닷가
어느 작은 마을에까지
太古의 자연은 없어져 가지만

너의 손에서
나의 손으로 옮겨져 느껴지는
이 따뜻한 온기만은
절대 우리 잃지(놓지)말자

바다여,
온 우주의
억 광년을 묻은 바다여,

봄의 실바람과 가을의 햇살로도
가 닿지 못할 기다림과
온 세상 그리움을 모두 안고
그대는 늘 오느니

詩人 릴케가 살던
(두이노 城)의
그 낡고 긴 다리를 건너
수만 시간의 낯선 마을들을 지나

가장 환하게 열린 곳으로
모습으로 그대는 늘 온다

비처럼 바람처럼
또는 희망의 불빛처럼

오늘 밤에도
온갖 고통으로 잠들지 못하는

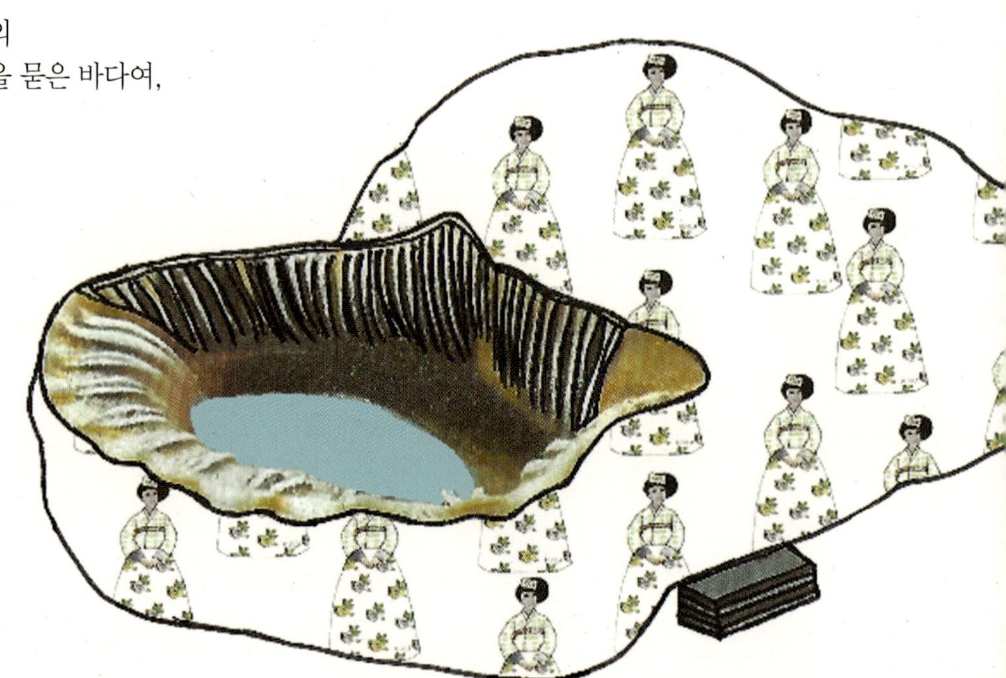

저, 가난하고도 슬픈
수만의 영혼들을 위하여

저녁이 되면
컴퍼스의 시작점에서

먼 곳으로 더 먼 곳으로
탈출을 시도하던 수평선과
온갖 점선들도 어둠에 휘어져
원점에서 마침표로 마감하는 곳

바다여,
집을 벗어날수록
그럴 수 없이 자유롭던 그리움도
그대 앞에서 맞는 저 해가 붉은 만큼
기막힌 저녁이면

한 사람을 사랑하던 내가
희고 푸른 도요새의 날개를 달고
본래의 자신으로 돌아갑니다.

때론 누군가를
죽도록 미워하는 모습으로
자멸하다가도

하염없이
사랑의 모습으로만 안겨오는
그대 앞에 서면

금세 수만 기억들의
새의 날개를 달고
돌아오게 해

어느새 그리움 가득한
알을 품게 하는 그대이기에

허기진 사랑의 열량을 위하여
해삼 멍게 물오징어 한 사발에
기막힌 추억의 소주 한잔 걸치면
그뿐.

바다여, 바다여
무엇이나
그대 앞에서의 변신은
무죄라 했던가요

이 세상 모두는
저마다 전혀 다른 길을 가고 있음에도
바다를 동경하는 일에서만은 늘 한마음인
저 무수한 열망의 눈망울들

오오. 하늘의 눈물샘이
늘 그대 속에 있었음을
왜 좀더 일찍 몰랐을까요 나는

한때는
수만 파고(波高)의 물결로만 일렁였을
지느러미들을 접으며

우리는 매번
그대와 저 호수의 파도를 품고
세상을 넘나노니

무엇이 두려운가!
아름다운 인생이여.

파도에게

파도야
이제 우리 더 넓고 푸른 세상이
매일 춤추며 노래하는 숲으로 가자

바다는
멀리 떠날수록
더 깊은 포용의 모음을 만들고

숲은 저마다
각각의 다른 자음으로 흩어져 노래하리니

파도야
너는 좋으냐
그런 숲을 매일 안고 밟으며 걷는 기분이

그 바다의 숲은
어느 한때와 어떤 하나의 모양만으로만
완성된 것이 아니니

분명 맨 처음 태어나던 시작 때부터
미리 수만 가지 모습과 손을
갖고 나온 카멜레온

파도야
너는 좋으냐? 그런 숲을 매일
밟고 안으며 지키고 사는 그 기분이

이 과녁의 해 질 녘 바다는
오늘따라 한없이도 쓸쓸하구나

잔잔한 파도가 칠 때마다 바다의 숲은
낮고 높은 그 처절한 곡조의 음색으로만
길-게 노래하느니

파도야
너는 그래도 좋으냐
그런 숲을 매일 안으며 밟고 걷는 기분이

우리도 너처럼 하늘의 태양으로
매일 누군가의 아프고 슬픈 기억들을
함께 나누며

시리고 처진 어깨들을 감싸 줄 수 있었다면
오늘처럼 이렇게 거칠고 메마른 가슴들이
되진 않았으리라

파도야
너는 좋으냐
그런 숲을 매일 안고 밟으며
지키고 사는 그 기분이…

우리네 인간세상의 사랑도
눈으로만 보고 얻어진 사랑은
작은 파도에도 쉬 변할 수 있지만

마음으로 다가가며 얻어낸 사랑은
마지막 죽음의 순간까지 이어지리니

네 파도의 숲
저 바다의 너머 더 깊은 생명의 숲은
너무도 신비하며 위대하구나

파도야
너는 좋으냐
그런 숲을 매일 안고 밟으며
지키고 사는 기분이

이제 더 내게로 가까이 오라
와서 함께 더 밀리
더 깊고 푸른 숲을 만들며

더 높은 하늘을 담고 날아오르는
멋진 새들이 되어 보자꾸나

세상은 한참 오래전부터 앞서
넓고 큰 창을 열고

어딘가에 숨어 살고 있을
진실의 날개들을 기다리고 있나니

파도야
너는 좋으냐

그런 살아서 숨 쉬는 영혼의 숲을
매일 안고 지키며
다시 태어나 걷는 그 기분이…

서포항

보라.
저 기막힌 몸짓들

시퍼런 바닷물이
밀물과 썰물의 난장 무리
숭어 떼처럼 파닥이며 밀려오다
그 허리께쯤에서 기진맥진해
멈춘다

날숨과 들숨의
클라이맥스 지점에서의
거대 강물과의 세몰이 동침이다
혼몽한 일체의 몸 섞음이다

한때 내게도 초기 인생의 그런
억척 도면이 있었다

오랜 시간 누군가와
극적인 만남과 승리를 연출한
저 파도처럼

그 거대의 무게와 평수를
높은 산마루 양팔로
모두 붙들어 세우는
그 절정(감동)의 순간을
누가 감히 쉬 잡아
붙들어 세울 수 있을까

울진 영덕 방면
칠포를 지나고 월포도 지나 다시
화진포 해수욕장 바닷길도 지나
일출봉 어느 기막힌 山 정상봉(峰)

오오. 이쯤까지 오면
세상 무엇이 더 부러우랴

그들이 늘 품고
하늘과 함께 사는 곳이
곧 해변이다

바다 한복판에서 다시
수만 바다 위의 바다를 찾아
헤매게 되는 곳
바다.

농익은 온갖 감이
제 무게를 이기지 못해
철버덕 맨땅으로까지 옮겨가
산산이 흩어지는 곳

초로의 적막이
물푸레나무 회초리로
자신의 종아리 퍼렇게 후려치는

그곳이
동해의 마지막 항구 바다

서포항,
바로 이곳이다

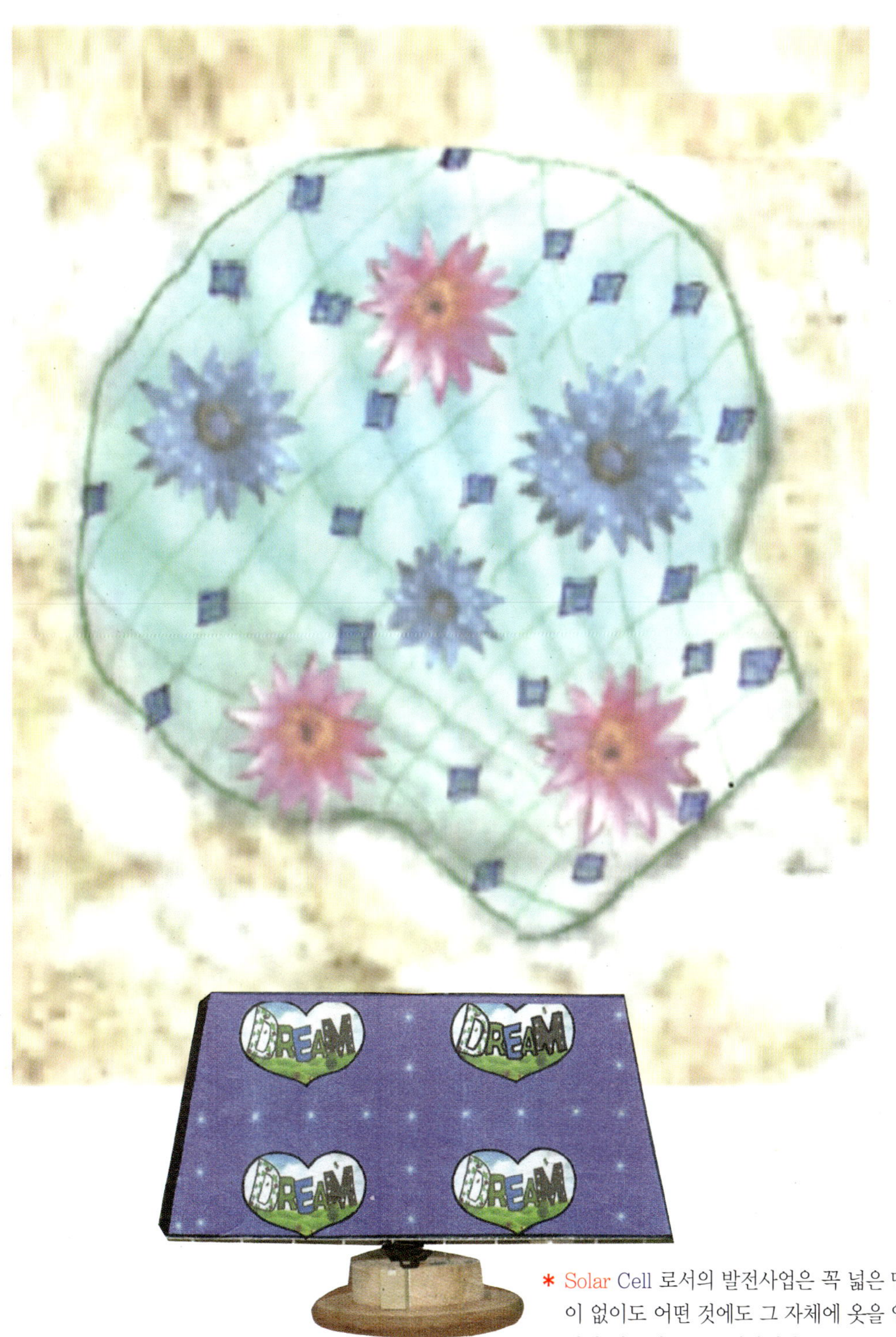

* Solar Cell 로서의 발전사업은 꼭 넓은 땅이 없이도 어떤 것에도 그 자체에 옷을 입히기 때문에 무궁무진합니다.

밤의 대천항

이 밤에
(백경) 그 희고 늘씬한
10톤 크기 어선 앞에
우뚝 섰다

오백 척 높은 파도 속 바다를 건너온
넓디넓은 이 대천의 저 하늘과
수천 어선들

저들 모두
몇 세기쯤이나 여기서 저리도
농염한 취기와 기개만을 늘리며
부려 왔을까

이 밤에 여기서 다시
여기저기
먼 길 떠나는 이들이여,

우리 모두는 과연
어디를 향해 매번 가고 있을까

나 역시 어느 날
두 발을 헛디뎌 내려선
반도의 이 땅 어느 중심에서

내 기어이 이곳
남도의 어느 지점까지
오게 되었다

저기 천년을 배회한 묵은 갈매기 떼
문득 은빛 가위 날개 번득이며
다가설 때

기억하라
저기 백제의 기름진 땅
원초의 배꼽이란 배꼽은
다 꿰고 꿰어낸 후

신라의 땅 동토의 정국
어머니의 만(灣)을
몸서리치도록 그리워하며
간음하던

내 자책의 문제(신음)는
대체 어떤 의미였을까

존재의 통념 속
맑은 영혼과 자아를

우리 모두가 함께
온갖 거짓으로만
지급해버린 오늘

시간에 쫓겨
이 마음 언제까지 갈진
모르지만

바다에 오면

이 무거운 어른의 옷을
모두 벗어던져 버리고

그저
한 마리의 어리고 어린
새나 되어
훨훨 날 수 있다는 것

먼먼 시간의 어린 시절을 지나
다시 날마다 더 어른이 되기까지

저 바다를 닮아가는 이들은
언제까지나 영원히
자유인일 수 있음을,

사랑하던 이들이여,
사랑하던 이들이여

오늘은 여기서
저 천(千) 개의 눈꽃보다 더 희고
양귀비꽃보다 더 붉은 꽃 속에

나와 그대들 마음도 함께
같이 흘러라

천운(天運)의 임명은
바다도 하늘도
쉬 막지 못하는 것

이 차가운 겨울의
저 쓸쓸한 선착장

이곳을 스쳐 지나는
서늘한 바람결마저

오늘밤엔 오늘밤엔
선뜻 제풀에 꺾이어

쉬 이별하며
떠나지조차 못하네

* Solar Cell 과 LED 등으로 하는 밝은 전기와 에너지 발전은 매우 다양하며 무한 창조까지가 가능합니다.

낙동강

낙동강

다시 새로운
2017년 새해의 아침

참으로 오랜만의
어지러운 도시로부터의
긴 시간의 탈출

내 오늘
이 반야천변 천마산 억새가
겨우내 홀로 숨어 노니는

낙동강,
그대의 이 넓은 집
푸른 능선 몸통을 모두
꽉 껴안으면

당신은 내내 돌아서서 흐느끼며
울기만 했다

이 세상 누구나가 모두
제대로 사랑하면서야 크게 커가는 게
당연한 이치

그대의 새하얀 모래톱 민낯이
점점 화를 내며 검붉어지면
더 강해지는 당신은

이 반야천변의 삶에
아직 전혀 간 쳐지지 않은
건고등어 몇 그냥 두고 물어뜯듯

너무 험해진
이 말세의 세상에서
진눈깨비 쏟아붓듯 쏟아지는
광기의 과녁 도시를 잠시 떠나

새삼 당신의 널찍하고도
너그러운 가슴에 안겨
그리 오래가지 않을 시간을
낚고 있지요

오랜 시간 널뛰며
잎새 다 내려놓고
서서히 풍장에 들어가는
나무와 저 나무들

그 사이를 넘나들며
수만 날의 아침과 저녁을
수없이 매고 달며

별빛과 하늘 땅 사이에서
우린 내내 이렇게 말없이
서로를 받쳐내며
아름다운 긴 동행을 해왔지요

결 고운
당신의 그 넓은 이마에 매일
메운 군자蘭 수없이 싹 틔우듯
밤새 오동나무 한 그루 또
자라고 있다

이 땅의 백두대간
길고 깊은 골부터 심장 혈 모두
울컥울컥 토해 꺼내놓는
그대의 기막힌 그 춤사위

억새조차 다 검불 진 뒤
비로소 올라가는 길도
내려서는 길도 훤히 다 보여주며
늘 아래로 아래로만 흐름에도
그래서 오히려 더 높아지는 그대의 山

이 몸은 아직도
그 한 덩이 오지랖조차 쉬
내어주지 않는 글자의 숲만을 쫓으며
그 이치와 가락을 빚는다 할 손

이 못된 세상이
무엇이 얼마나 달라졌을까마는
그래도 그대만은 이런 날
비웃진 마오

일월(日月) 오악(五岳)은
틈틈이 내려앉은 먼지 속에 묻히고
빛바랜 단청은 한 폭 풍경에 저물 터

억년(億年) 비검의 함묵에
안과 밖을 수없이 채찍질해

마침내 두 쪽으로 깨뜨려도
일체 소리조차 나지 않는 귀한
바위들도 있지 않소
오랜만에
독한 술 한 병을 비운다

한 잔, 한 잔 술잔을 기울이며
창밖 아주 먼 곳을 바라보면
당신은 산과 바다까지 함께 대동해
기막힌 왈츠를 추었고
버드나무 쑥부쟁이와 깊은정을 통했다

그래서 더 선뜻 더욱더 처절한
외로움이 찾아오나 그래도 나는 좋다
맑게 비워지기 때문이다

아주 큰 무덤과 무덤 사이사이
이제 보니 사람과 사람의 마을이
함께 있었네

늘 깨어있는 자들의 소리는
언제나 무덤 쪽에서 다가와 아직
살아서 가는 것들을 키우고

강과 산 너머
그 깊은 그리매 속으로 잠기는
그대 낙동강,

그 아름다운 강과 마을 人家에
하나둘 불이 꺼지면
그곳 山 아래 사람들은
거꾸로 그때부터 눈을 뜬다

세상과 우리
너와 나의 슬픈 구분들이며
분별들이여,

강과 수목들은
그래서 어차피 늘 외롭다
혼자 길을 가는 여자와 같이
정다운 것들은 모두 죽고

다리 아래
저, 홀로 흐르는 강물만이
아직도 너와 내가 처음 만날 그때처럼
오래전의 그 유행가 가락들 속에서
잠잠히 흐르고 있다

01
Love is Sarang BL KOREA

낙동강 · 2

물이 있는 한, 강은
흐름을 멈추지 않을 것이다

또 하루가 가고
노을이 흐르고 이리저리
바람이 흩어져 넘어지는 사이

아직 완전히 작고하지 않은
겨울 갈대가
이른 저녁 강변에 서서
모두를 바라보고 있다

쉼 없이 내달리면서
또 흐르면서 겨울 낙동강은
무엇을 더 깊이 읽어내며
파내는지

그리고 그 사이사이로
움푹 팬 모래구덩이가
어떻게 긴 시간을 안으며
절로 메워지는지 애써 알려 했건만

바람이 지나는 틈새 사이사이
안개가 꽉 끼었으므로
영 볼 순 없었다

강 아래
아이들 몇, 추위를 녹이는지
무작위로 불을 지피고 있다

어린 날이란
누구나가 천진스럽고도 아름답다

우리가 무작위로 버린 사랑은
언제쯤이면 다시 저 강을 넘어 넘어
되돌아올 수 있을까

우리들 저마다의
진실 속 그 무엇이란

틈틈이 빛이 드는 사이사이
그 틈 속에서 오래도록 그는
침묵만을 고집하지 않았던가

실제는 그 누구의 것도 되지 못한
그 속에서 우리 모두는 단지
한 마리의 크낙새였을 뿐이다

순간순간 일초 일초를
쪼아대고 있는
그냥 그 자체의 새

풍광마저 너무 서러운
겨울강의 오후

홀로 버티고 버티다 더 슬퍼지면
거친 바람의 빗으로
머릴 다듬던 너

감사하게도
그런 그대를 보며
하지만 우린 그래서 더
자유로운 평화를 누릴 수 있다

분별과 객관
이렇게 난해해진 세상에서
누가 저 고요히 흐르는
수심 깊은 강과 나무들을
매번 손 하나 대지 않고도
벌세우고 있는가

korea cells

어쩌랴!
모든 비상(飛上)하는 것(새)들은
마지막 끝을 보고서야
다시 새삼 새로운 무엇들로
태어나는 것이라지 않는가

이곳에선
크고 작은 바람이 모두
사람일 때가 있다

그래서 그냥 순수의
자연의 사람인 그와 함께
모든 심중을 까놓고
오래도록 이야기하고
싶을 때가 있다

한없이 한없이 또
그 넓고 깊은 곳을 함께
손잡고 노닐고 싶을 때도 있다

강물이여, 그러나
그대가 고요히 잠든 그 물결 위에
봄비가 내려와 죽는다

사랑한다는 것은
어떤 경우에도 함께 나누며
아픔을 더는 일이다

우리들 저마다의 삶이
언제쯤이면 그대로도 모두가
가장 위대하고도 아름다운
예술이 될 수 있을까

오랜 세월
상처뿐인 아픈 자리 하나
제대로 깁지조차 못한 채
철골의 늑골마저 뭉텅 내려앉은
쇠로 엮은 인도교는

어깨뼈 한쪽까지 부서져
온몸으로 절룩거린다.

오랜 시간 고래고래
함성 지르며 오가던 기차는
모두 어디로 갔을까

손바닥으로 얼굴을 가리면
손가락 사이사이루 약속이나 한 듯
기막히게 빠져나가는 물소리

내 생의 봄날을 꿈꾸는
넓은 세상 속 쟁반 위 큰 사과가
어느 순간 풍덩, 그 물속으로
뛰어들고 마는구나

아직도 과거와 현재가
보는 이에 따라 철저하게
그대로 유영하는 이곳 낙동강

그 하굿둑 길에 지금껏 나도
아래로 아래로 내려서며
수만 山을 안은 채 함께 흐르고 있다

BL Korea

낙동강 · 3

저 강은 알고 있을까

늘 별이고 싶었던 수만 구름들
줄줄이 눈(雪)으로 허물어져 버린
그 하얀 눈송이 지상에서 받아
손으로 비벼보면

끝내 뭔가가 되지 못해
꽁꽁 언 차가운 얼음이 되거나
싸늘하게 식어버린 가슴들만
되어버린 사실들을

그래서
강가의 겨울은 더욱
어디나 모두를 막아도
더 차고 춥다

여기저기 수없이
무엇인가를 기다리는 사람들이
너무 많기 때문이다

라프란드(Lappland)
백야(白夜)와 백해(白海) 속
하얀 사슴(한국인)

이 겨울
이른 저녁의 적벽 끝에서
저들 모두 물고 있던 하늘을 뱉으며
날개를 턴다

귀 모두 열고 눈(目) 크게 뜨면
길은 수없이 많은데
스스로들이 가야 할 길을
아직 알지 못한다

말을 건네면 이내 곧 줄줄
단물이 봇물이듯 터질 것만 같다

모든 흐름과 열매 속의
저 유순한 결,

언제쯤이면
이 세상 모두의 악 없는
간절한 희망과 꿈들이
모두 이루어질 수 있을까

그냥 서성이는 통곡 대신
빈 허공마저 들쳐메고 가는
위대하고도 위대한 저 노련의
하얀 길

누구도
저 나이테에 그려진
生과 死를 쉬 읽지 못하지만
저들 늙은 나무들은 그것을
너무 잘 안다

저, 높고 흰 곳이
곧 언제나 무덤이라는 사실을,

위대한 우주의 원통과 역사며
무한한 자연이여,

내 그대들의 어디를
더 세게 꽉 잡으면
모두를 더 제대로 알 수 있을까

더 안전하고도 완전하게
사유할 수 있을까

더 안전하고도 완전하게
사유할 수 있을까

자꾸만 더 멀리
더 멀어져만 가는
(시인의 마을)에서

어느 순간 힘이 빠지고
말문이 막혀버린 이유는
대체 무슨 원인일까

이 세상 모든 어둠은
더 살아 날마다 더 늘며
움직이는 이 지옥불판 위에서
쉽게 정지되는 것은 없고

수없이 더
온갖 이물질들을 흡수한
이 고기(肉)들은

(바슐라트)
불(火)의 변형으로서만
변형으로만

우리 앞에 더 위협으로 와
서 있다

이제 곧 다시 저들 모두가
새로운 발아의 욕망과
새들의 몸부림으로 대지를 덮으며
이 세상 새로운 주인들이
될 거라고도 하지

그럭저럭 편하게 늙어가는 것들과
다시 태어나며 자라나는 젊은이
함께 겹쳐져 건너가는 저 강어귀

生과 死의 결별,
날마다 더 수없이 가고
또 떠나가며

어느 사이
잊혀져가는 얼굴들을
새삼 다시 잠시 강하게
되잡고
나는 그린다

물기 남아도는 가슴에
또 한 번의 빈 달이 떠오르고

사랑하던 사람도
미워하던 사람도 함께 희석되어
다시는 돌아오지 않는 그때의
그 순수와 사랑을

낙동강,
그대와 우리는
정말 아쉬움 하나 없이
잊었을까?

낙동강 · 4

다시 먼 길을 나선다

강 위에서의 바닷길
세상 속 바다에서의 강 위를
나는 지금 가고 있는 것이다

어쩌면
앞으로 수억 년을 이어갈
사랑과 생명의 젖 줄 세상을 이어낼
그 강줄기를 따라서 말이다

누가 저 넓고도 긴
하늘과 강물 속에
저리도 수많은 기도와
꿈의 추억들을 가져다 새겼을까

아주 아주 귀한 강물이여,
무성한 시간의 수풀 사이로 돌고 돌며
결국 제자리로 돌아갈 길
저들 모두도 점차 알아가는 듯

강기슭을 나는 새들과
수만 나무들마저
이 저녁 그 심오의 강
수심을 본다

늘 푸른 물살의 파문은
한없는 어지러움 속으로부터
점차 서서히 다가온다

아주 청명한 날
그런 것들을 전혀 헐리지 않게
곱게 받쳐 들면
우리가 잃어버린 것들 모두가
다시 돌아와 줄까

온갖 패러디와 불신의 정서들이 뒤엉켜
난무하는 시대

그런 겨울은 쉽사리 아물지도 않고
두 손 다 내밀어도
쉬 붙들려 바로 해갈 수조차 없는 나라

오랜 시간
먼 길을 나서며 새벽 강기슭에 서
그 길을 가본 사람들만이

그 길에서의 시간들이
얼마나 숨소릴 죽여야 하는지와
또 얼마나 몸의 키 높이조차 낮춰야 하는질
늘 함께 서서 그 길을 가본 사람들만이 잘 안다

대저, 사람과 시간만이 나고 드는
저, 위대한 강기슭의
크고 넓은 발과 허리며 이마들

그 잉여의 틈새 사이사이
다시 맑은 청춘이 일고 새로운 바람이
날며 들며 그리움마저 인다 그래서

아주 귀한 사랑이란
그 사랑이란
비어있는 영혼(靈魂)까지
고봉(高峰)으로 알차게 해 주는 것

스스로가 느끼는 분량만큼
한없이 한없이 출렁이되
결코 넘치진 않는 최고 탑의 진실

누구나
사랑이 깊으면
말귀도 잘 알아듣는다

날이 갈수록
더 깊고 높은 산이 되어
무한 인생을 부르기도 한다

Love is
BL KOREA

언제나
영원(永遠)의 한 끝을 밟고 서 있는
사람들과 그대 낙동강

온몸 벗어던지며 산란해 누운
이 강기슭의 기다림이 끝나고 나면
더 넓고 긴 강과 바다의 섬을 찾아
다시 저마다 먼 길 떠나리라

강기슭마다의 저 어귀
크고 작은 마을의 근심들 모두
그냥 그대로 두고 바라보면

발끝에 채는 자갈돌 몇 알
잠시 책 물리고 그대가 부는
수만 타악기 소리까지가 잘 들린다

언젠가 다시 돌아가야 할 나라의
맑게 갠 하늘과 강물도
새삼 잘 뻗어 흐르는 강처럼
잘 보인다

우리 서로
더 맑게 크기 위해
더러는 적당히는 쓸쓸하고

또 적당히는 바쁘고
적당히는 가난하고 슬픈 날들을
잘 이겨내며

그런 것들을 결코 두려워 말며
후회 없이 더 큰 마음으로 모두를 안고 가자

자주 단련이듯 바람 세차게 불고
서릿발 같은 빗물까지 수없이 매치고
사정없이 두들기는 이곳 낙동강,

아주 먼 곳까지 시야와 길을 넓혀가며
이곳저곳에 창을 열다 후줄근히 매 맞고
젖은 저 수만 작목 숲들

오랜 시간 이곳을 날던
그토록 기운찼던 새들은 모두
어디로 갔을까

시나브로 겨울은 역시 겨울이다
또 한 시절의 한 장막의 끝
바둥바둥 겨울산을 오르는 사람들

저, 생존을 향한 거동 앞에선
화살처럼 휘날리는 거친 눈발도
비바람도 차마 그들을
어찌하진 못한다

가다 보면
자주 자주 절벽처럼
깎아지른 세상

그 세월에 비겨댄 듯
허공에 더욱 실해진 팔과 다리
허리까지 모두 대고
반쯤 비스듬히 누워있는
너그러운 소나무에
시리워진 손 대고 문지르면

어느새
그립고 그리운 그때의 사람 하나
내 앞에 '떡' 하니 와 서 있다

아주 신비하고도 고귀한 이름인 그대
생애(生涯)여,

돛 깊어서 더 크게
돛 도드라져 커가는
귀한 그 위상이며 그 행위에

이 세상 경계가 모두 사라진 이유를
나 이제서야 알게 되었느니

나에게도 제발 가르쳐 주오

그 깊고도 깊은
사랑과 진실의 수밀도(水蜜桃) 위로
천 개의 손과 원(圓)이 함께 굴러가는

그 위대하고도 신비한 심오(深奧)의
살이를, 제발 가르쳐 주오

낙동강 · 7

다시 늦은 오후
그대 강가에 나와 섰다

내 오늘 여기서
최정상 저 앞마당에 우뚝 솟은
그대 닮은 저 솟대를 더 자세히 볼테다

사랑과 성공을 향한 그대와 나의 돌진

멀리 둔 상념들을 선적하듯
한 치도 다가서지도
물러서지도 않는
꼿꼿한 저 하늘과 땅

그리고 그대를
다시 조용히 보고 있지요

저마다 오랜 기다림 뒤에 있을 아주 큰
포획의 포만만을 기대했음일까요

난말나 울음들 속에 부여된
삶의 모든 반경 안에서

그래, 오늘은
버려둔 가야금에 골무나 끼고
이 어지러운 한 시절을
퉁퉁퉁 신나게 퉁겨나 볼까요

늘 강바닥 실핏줄까지
훤히 들여다보며 꿰고 있는
그대 강과 저 하늘

오랜 시간
온몸이 그저 목석처럼으로만
살아온 나의 시간이

잔영이 역삼각인
그의 현을 쥐고 당기면

온갖 무희들의 꽃대가
그댈 위해 늘 변증곡 한 소절씩
기막히게도 퉁겨주곤 하던,

더는 어느 쪽도
쉬 변하며 늙지 않는 곳

오직 그대도 나도
모두가 한통속인
지금의 세상에서

온 세상 바다에
몸 한번 온전히 섞어

이 한 세상
올곧게만 올곧게만
바로 세워보고 싶었던
바위들처럼

그대와 나의 울음은
늘 정석(井石)
그의 울음처럼 깊고

한 生의 길고 짧은 두레박을
내리는 일도 끌어올리는 일도
모든 역사를 매단 이곳에서는

오직 그대도 나도 모두
목숨만 같았던,

저기 어디쯤
목탁을 빠져나간 둥근 소리가
크고 둥근 수밀도(水蜜桃) 아래
돌무더기라도 쌓아 올렸을까

나로선 아직 알 순 없다
하지만 적어도 한 시절 안에서

과거와 현재, 미래까지의
무한을 가자면(보자면)

바다와 하늘보다
하늘과 땅보다
크고 작은 모든 강보다
분명 더 길고 넓으며
무한(無限)이어야 하리라

저기 어드메의 산그늘 모두
노을 타고 내려와
이 작은 가슴에
고이 잠재울 때 즈음

바늘 대신 큐피드의 화살처럼
긴 인생의 낚싯줄 끝에 매달아
넓고 깊은 파문의 중심에 집중하면

물속에서 마지막 최정상까지
물오른 강 중심을
마침내 결국 낚아 올리게 되죠

그대와 나 우리 모두는
그동안 무엇을 사랑하고
무엇을 낚아 올렸을까요

매번 우리는
진정한 자기 자신과 더 자주
만나기 위해

이 세상의 모든 이정표에게
거듭 거듭 바른길을 노크하며
물어야 하리

그리곤 어디에도
얽매이지 않은 자와
아무것도 집권 남용해
소유하지 않은 자,

혹은 모든 것을 더
충분히 사랑하기 위해
길 떠나는 자는 언제나 늘
자유와 진실 속에
행복하리라

그리고 그리하여
그런
순수의 여행자들이여,

이 세상의 모든
위대한 나무 밑이 모두
그대들의 소중한 여인숙이 되리라

그리곤 매일 매일
그 나무들이 써가는
짙푸른 횡서체와
모든 경전(經典)이

한 층, 한 층, 또 한 층
더 안전한 길(道)을
묻고 묻게 해

다시 더 높이 올라서는
우주로 향한
관통 門이 되게 하듯이

거기
이 세상 모든 성자이듯
따라나서는
진실의 고봉(高峰)이
반드시 있을 지이니

사랑하던 이들이여,
사랑하는 이들이여

밀물처럼 밀려드는
모든 희망과
발원들 모두를 위해

이 세상 모든 성자와
부처님 발아래
두 손과 가슴
모두 모아 올리면

저마다의 그 소원들
반드시 모두 이루어지리니

저 높은
네바다의 山 江줄기 모두
어깨 위에 동여매고

눈물 마를 날 없는 저곳
그라나다 저 붉은 해와 달
모두를 안고

낙동강이여,

가슴에 검게 탄
그대 닮은 달 하날 늘 품고
다시 매일 길 떠나는

그대의 그 기막힌
山 江의 긴 산야를
나는 결코 잊지 않고 있소

한 걸음씩 나설 때마다
조는 듯 얼르는 듯
전체를 버텨내며 수없이 꾸벅이는
그대의 山

오래고도 오랜 시간의
멋진 여행이었어요
행복했어요

우리 서로
금자둥이 은자둥이로늘
세상에 나와

그곳이 도무지
어딘지도 모르고
그냥 그대로 흐르고 흘러서만
온 시간이지만

부처와 성자가
늘 앉아 지키는 곳의 감옥은
언제나 깊고도 성스러웠지요

그리고 나는 오늘도
나 몰래 떠나간 세월을
못내 아쉬워하며

그대로 인해 그러나
제가 가진 모든 지혜에
더 크고 푸른 옷을
그나마 입혀올 수 있었기에
정말 감사했습니다.

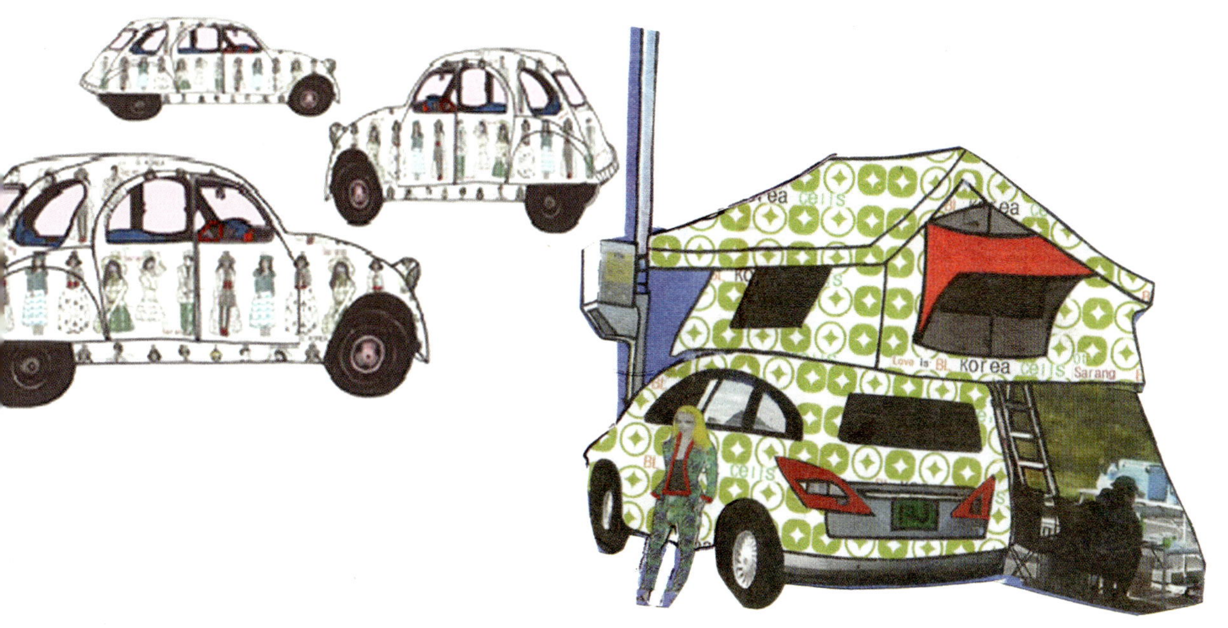

내 반드시
맨 처음
순수의 그대 세상으로

다시 사람의 모습으로
되돌리는 門을 찾아
바로 세워낼 것이니

낙동강
그대가 제발 도와주오
그대가 늘 제 곁에서
제발 도와주오.

낙동강 · 13

또다시
그대 강가에 나와 섰다

나는 왜 매번
이렇게 그대 뵙기를
바람처럼 청할까

늘 무엇인가가
몹시 그리운 까닭이다

메마른 도시에선
결코 찾아지지 않는
이전 이전(以前)의 그 무엇들이
실제 너무 그리운 까닭이다

이 강산
저 막돌들, 진흙, 모래
그리고 밤낮을 전혀 마다치 않으며
세상 모두를 이고지고 흐르는
저 강물들 저마다의 손과 발을
찬찬히 어루만지고 싶은 까닭이다

매번 온갖 명인들 손에 불려와
수백여 년의 무게를 실으며
내내 안녕을 이어온
저들의 그 기막힌 신비를
만나보고 싶은 것이다

태고의 원시로부터 가져온
야성과 비성 모두를 데불고
자연은 매번 자신을 낮추고 살라는
영험한 지혜와 자성을 지녔다

아래 위, 옆과 옆 사이로
황토층 암키와
수키의 바른 층까지를
번갈아 실어 나르며

모래와 모래 틈 사이
다시 암키와 수키의 차례로
이어가며 왔다 갔다 수만 번을
이어내는 저 토양의 신비까지

낙동강이여,
이제 인간의 마을들은
시인의 마음마저
다 앗아가고만 있지만

그래도
그대의 저 밑바닥 어디쯤엔
아직도 시인이 편히 쉴 만한 곳이
남아있지 않을까를 나는 믿고 싶다

점점 거칠게
높아만 가는 온갖 담벽들에
물도 빼앗기고 달 별도 빼앗기고
인적마저 모두 빼앗겨

저물어만 가고 있지만
수평의 결들 그대로
고스란히 거느린 수막새들
아직도 발아래 민들레 바랭이 풀,
개망초 꽃들까지 수없이 피우는

저 강기슭 너머
가만히 그대로 머물러준
그리운 시간의 흔적들은
아직도 거기 그대로 모두 남아있을까

백로라 불리지 못해
슬픈 왜가리들이여,

그 부리만큼 높이
하늘로 하늘로 치솟는
꽃대의 야생화

그들 모두 멀리 두고 온
상념들을 모아 선적하듯 쉬
더 다가서지도 물러서지도 않는
꼿꼿한 자세이다

사랑을 위해
자신을 모두 죽일 만큼
처절히 누군가를 사랑하면서야
진실로 진실로써
기다림을 배웠다는 음각화

언젠가
세월에 결국 인화될 음화 속
모든 진실들
길목마다 곳곳 남겨둔 채

서너 푼의 각다귀와 수만 미련들
먼 길 떠나며 조용히 강줄기 하나하나
다시 불러 세운다

무엇이든 흘러가야
살아남는다는
사실(진리)에 눈 뜨면서

여기 저기 풀 비린내 풍기며
다시 여름이 또-옥 똑
제 몸 풀어내며 꺾고 있다

분명, 그들도
여기저기에 쭈그리고 앉아
염불하고 있음이다

바다 같은 강물의 한 귀퉁일
옆구리에 끼고 이 난세 속 비원의
간절한 염불을 하고 있음이다

초장에도
한 마장의 거리만큼 멀어지듯
변해가는 시간들 속에서
조금씩 조금씩 별들도 그 빛을
잃어갈지라도

세상을 등진 사람들 속에서야
저마다 어떻게 그런 사실들을
쉬 지각할 수조차 있을까

시나브로 다시
바짝 익어가는 세상
한여름밤의 열기는
한 번도 건너뛰지 않는다

대저, 이 세상 사랑의 무게란
과연 얼마쯤이나 될까

온 세상이 목숨을 바쳐
사경을 헤매는 동안
우리 모두는 대체 어디에 갔었을까

이제 나는 젖니 같은 저, 달

신기루를 쫓아가던
까아만 눈동자들
담방 담방 돌다리를 건너서
다시 오면

긴 강줄기 이어 이어 흐르는
저 푸른 시간의 고요들
한 통씩 꿰고
그대와 함께 흐를 수 있으면
그뿐.

저 빼곡한 수다를 다 들으라고
더러는 아주 요란하게
어디서 한번 들어왔다 나간 강물이
다시 다른 강물을 데리고
들어오기도 하지만

강물이란 어차피
수만 곳곳에서 들어오며
나가는 것들로 전반이 이루어져 있어
알고 보면 그 많은 것이
그래서 결국 바多로 흐른다

온세를 안은 그대처럼.

새삼
어느 길 위에서
다시 또 다른 그대의 길을 본다

사람의 기억이란 기억은
모두 송두리째 강제로 지워낸 세상에서

달팽이가 어느 순간
제 뚜껑을 완전히 덮은 것처럼
영영 애간장 말리며 그냥
휑하니 돌아서 가버리는 이
그는 대체 누구인가

"카르페 디엠"
죽은 시인의 사회를 경멸한다

강물이여,

그대는
이 사상 최악의 원인(사실)을
혹 아시는가

다시 거듭 "카르페 디엠"
죽은 시인의 사회를 경멸한다

강물이여,

그대는
이 사상 최악의 원인(사실)을
혹 아시는가

* 낮엔 아주 아름다운 꽃으로 발전시켜서 저녁에 불을 켜면 우포늪은 어느새 환한 LED 연등 늪이 되겠지요.

낙동강 · 20

다시 또 강가에 나와 섰다

빛바랜 광목 천
두 다리 사이사이로 감아내며
더 나아간 봄을 나는 지금 기다린다

낙동강,
당신에 대한 나의 기억
오래되었지요 분명.

아주 오래고도 오래 전
나와의 첫 대면

당신은
옥양목 저고리 풀어헤친
나의 어머니 품속처럼
언제나 넉넉하고도
푸근했지요.

다시 강물은 서슴없이 흐르고
그때부터 삼십 년

세월은 자신만을 데려가지 않고
사람도 시대도 저 강 밑바닥에
숨겨진 오래고 오랜 진실마저
모두 수거해 데려갔지요

그래. 그런 것들은 누가
다 데려갔다 치더라도

그런데 사람들은 모두
어디로 데려갔을까요

천고(千古)를 묻은 땅 위에
비가 내리고

구름이 머리를 풀어헤치고
온몸을 휘감고 있다

* 우리가 가고 있는 인생이 아름답듯 全 人生을 담은 새로운 백화점도 함께 있다면 우리는 더욱 그 안의 내용물에도 더 안전하며 알차고 진실하려고 할 것입니다.

잠시라도
아픈 기억들을 잊고자
두 손으로 눈을 가리면
손가락 사이사이로
빠져나가는 저 물소리

전혀 농염하지 않고도
저리도 황홀할 수 있는 저 축복

내 오늘 여기서
다시 저들 모두를
내가 건져 데려올 순 없을까?

나도 모르는 사이
오랜 세월 동안 알던 분들 모두
하나둘 쉴 새 없이 떠나고

이렇게 가시고 저렇게
또 보내고
거듭 가시게 하고 나면

저기 어디쯤
다시는 쉬 떠나지 않는 이들이
마침내 내게도 와줄까

어둠이 물의 정수리에서
떠나는 소리

달빛이 뒤돌아서서
소리소리 지르는 소리

연잎 연이어
곳곳 이슬방울 짓고 버리는
저 소리소리들

소금쟁이가
흐르는 물 위를 걷는
소리들까지…

다시 여는
새로운 이 신 새벽

바닥까지 내려간 기온 속으로
피어오르는 물안개
까마득 까마득하게
이른 봄 데려다

저렇듯 틈새 사이
사이마다
제 신을 내고 있으니

저들도 분명 모두
앞으로 앞으로
나아가고 있는 것

시나브로 다시 봄이다.
오랜 아픔을 묻고
연초록빛 싱싱한 생명들의
기지개가 시작되는 봄

저기 어디쯤
온갖 바람이, 물이,
안개와 달빛이

함께 결가부좌해 트는
새로운 아침의 시간이 보이느냐

강물이여,
그대에게도

BL korea cells

* 여러분! 이것은 배추 모양의 대형 식물 LED 단자의 메인 하우스입니다. 공장 겸 연구실과 판매 부서까지가 있는 매우 특별한 디자인으로 된 Solar Cell 발전사업건물이죠. 이런 모양이 대 · 중 · 소 해서 대량 공장단지로 들어설 수도 있는데, 가운데 돔형태의 중앙에서부터 창문방마다 밤하늘도 볼 수 있습니다.

국립중앙도서관 출판시도서목록(CIP)

바다가 주는 선물 : 권길자 시집 / 글쓴이 : 권길자, -- 서울 : 북랜드, 2018
p. 232 ; 182×257cm

ISBN 978-89-7787-800-6 03810 : ₩ 25000

한국 현대시 [韓國現代詩]

811,62-KDC6
895, 714-DDC23 CIP2018023235

바다가 주는 선물

인쇄 | 2018년 8월 10일
발행 | 2018년 8월 16일

글쓴이 | 권길자
펴낸이 | 장호병
펴낸곳 | 북랜드
서울 강남구 강남대로 320 황화빌딩 1108호
대표전화 (02) 732-4574 | (053) 252-9114
팩시밀리 (02) 734-4574 | (053) 252-9334

등 록 일 | 1999년 11월 11일
등록번호 | 제13-615호
홈페이지 | www.bookland.co.kr
bookland@hanmail.net

ISBN 978-89-7787-800-6 03810

값 25,000원